Christliche Hausbibliothek

1

Der Weg Zu Christus

13 Schritte auf dem Weg zu Jesus

Originalausgabe

Ellen G. White

Urheberrecht ©2023

LS UNTERNEHMEN

ISBN: 979-8-8690-3795-4

Inhalt

Vorwort 5

Kapitel 1 - Gottes Liebe zum Menschen 8

Kapitel 2 - Das Bedürfnis des Sünders nach Christus 16

Kapitel 3 - Reue 22

Kapitel 4 - Bekenntnis 37

Kapitel 5 - Weihe 42

Kapitel 6 - Glauben und Akzeptanz 48

Kapitel 7 - Die Prüfung der Jüngerschaft 55

Kapitel 8 - Hineinwachsen in Christus 64

Kapitel 9 - Das Werk und das Leben 74

Kapitel 10 - Eine Erkenntnis über Gott 82

Kapitel 11 - Das Privileg des Gebets 90

Kapitel 12 - Was tun bei Zweifeln? 103

Kapitel 13 - Jubel im Herrn 112

Vorwort

Nur wenige Bücher erreichen eine millionenfache Verbreitung oder üben einen so großen Einfluss auf die Erhebung der Menschheit aus wie "Schritte zu Christus". In zahllosen Auflagen ist dieses kleine Buch in mehr als siebzig Sprachen gedruckt worden und hat Hunderttausende von Männern und Frauen in der ganzen Welt inspiriert, selbst diejenigen, die in den entlegensten Winkeln der Erde wohnen. Seit dem Erscheinen der ersten Ausgabe im Jahr 1892 mussten die Herausgeber Druckwerk um Druckwerk nachlegen, um die unmittelbare und anhaltende Nachfrage des Lesepublikums zu befriedigen.

Die Autorin dieses Werkes, Ellen G. White (1827-1915), war eine religiöse Rednerin und Schriftstellerin, die auf drei Kontinenten bekannt war. Geboren in der Nähe von Portland, Maine, verbrachte sie ihr frühes Leben in den Neuenglandstaaten, und dann führten sie ihre Reisen und ihre Arbeit in die sich rasch ausbreitenden zentralen und westlichen Gebiete der Vereinigten Staaten. Die Jahre 1885 bis 1887 widmete sie der Arbeit in den führenden Ländern Europas, wo sie oft vor großem Publikum sprach und ihre schriftstellerische Tätigkeit fortsetzte. Anschließend verbrachte sie neun aktive Jahre in Australien und Neuseeland. Aus ihrer Feder stammen fünfundvierzig große und kleine Bände aus den Bereichen Theologie, Erziehung, Gesundheit, Haushalt und praktisches Christentum, von denen einige eine Auflage von über einer Million Exemplaren erreicht haben. Von diesen ist Steps to Christ das beliebteste und meistgelesene.

Der Titel des Buches verrät seinen Auftrag. Es verweist den Leser auf Jesus Christus als den Einzigen, der die Bedürfnisse der Seele befriedigen kann. Es lenkt die Füße der Zweifelnden und Stockenden auf den Weg des Friedens. Es führt den Suchenden nach Rechtschaffenheit und Ganzheit des Charakters Schritt für Schritt auf dem Weg des christlichen Lebens zu jener Erfahrung, in der er die Fülle des Segens erfahren kann, die in der völligen Selbstaufgabe zu finden ist. Es offenbart ihm das Geheimnis des Sieges, indem es in Einfachheit die rettende Gnade und die bewahrende Kraft des großen Freundes der ganzen Menschheit entfaltet.

Diese Ausgabe stellt einen Fortschritt bei der Vereinheitlichung der Seitengestaltung des Buches in den kommenden englischsprachigen Ausgaben dar. Ohne Änderung des Textes, aber mit einem Format, einer Rechtschreibung und einer Großschreibung, die der Zeit entsprechen, wird dieses kleine Kompendium der Frömmigkeit seine Mission fortsetzen, aber jetzt in einer Form, die unabhängig von der Größe der Schrift oder der Seite dem neuen Index zu den Schriften von Ellen G. White entspricht.

Der alte Jakob legte sich zur Ruhe, als ihn die Angst bedrückte, dass er durch seine Sünde von Gott abgeschnitten sei, und "er träumte, und siehe, eine Leiter war auf der Erde aufgestellt, und ihre Spitze reichte bis zum Himmel." So wurde ihm die Verbindung zwischen Erde und Himmel offenbart, und Worte des Trostes und der Hoffnung wurden zu dem Wanderer von dem gesprochen, der oben auf der schattigen Treppe stand. Es ist der aufrichtige Wunsch der Herausgeber, dass sich die himmlische Vision bei der Lektüre dieser Geschichte über den Weg des Lebens für viele wiederholt, und-

Die Treuhänder der Ellen G. White Publikationen

Kapitel 1—Gottes Liebe zum Menschen

Sowohl die Natur als auch die Offenbarung bezeugen die Liebe Gottes. Unser Vater im Himmel ist die Quelle des Lebens, der Weisheit und der Freude. Betrachten Sie die wunderbaren und schönen Dinge der Natur. Denken Sie an ihre wunderbare Anpassung an die Bedürfnisse und das Glück nicht nur des Menschen, sondern aller Lebewesen. Der Sonnenschein und der Regen, die die Erde erfreuen und erfrischen, die Hügel, die Meere und die Ebenen, sie alle sprechen zu uns von der Liebe des Schöpfers. Gott ist es, der für die täglichen Bedürfnisse aller seiner Geschöpfe sorgt. Mit den schönen Worten des Psalmisten -

"Die Augen aller warten auf Dich;

Und du gibst ihnen ihre Speise zur rechten Zeit.

Du öffnest Deine Hand,

Und du stillst das Verlangen aller Lebewesen." Psalm 145:15, 16.

Gott schuf den Menschen vollkommen heilig und glücklich, und die schöne Erde, wie sie aus der Hand des Schöpfers kam, trug weder den Makel des Verfalls noch den Schatten des Fluches. Es ist die Übertretung von Gottes Gesetz - dem Gesetz der Liebe -, die Weh und Tod gebracht hat. Doch selbst inmitten des Leids, das aus der Sünde resultiert, offenbart sich die Liebe Gottes. Es steht geschrieben, dass Gott die Erde um des Menschen willen verflucht hat. Mose 3,17. Die Dornen und Disteln - die Schwierigkeiten und Prüfungen, die sein Leben zu einer Mühsal und Sorge machen - waren zu seinem Besten bestimmt, als Teil der Ausbildung, die in Gottes Plan für seine Erhebung aus dem Verderben und der Erniedrigung, die die Sünde angerichtet hat, notwendig ist. Obwohl die Welt gefallen ist, besteht sie nicht nur aus Kummer und Elend. In der Natur selbst gibt es Botschaften der Hoffnung und des Trostes. Auf den Disteln blühen Blumen, und die Dornen sind mit Rosen bedeckt.

"Gott ist die Liebe" steht auf jeder sich öffnenden Knospe, auf jeder Spitze des frühlingshaften Grases. Die lieblichen Vögel, die die Luft mit ihrem fröhlichen Gesang erfüllen, die zart gefärbten Blumen in ihrer Vollkommenheit, die die Luft parfümieren, die hohen Bäume des Waldes mit ihrem reichen Laub aus lebendigem Grün - all das zeugt von der zärtlichen, väterlichen Fürsorge unseres Gottes und von seinem Wunsch, seine Kinder glücklich zu machen.

Das Wort Gottes offenbart seinen Charakter. Er selbst hat seine unendliche Liebe und sein Erbarmen erklärt. Als Mose betete: "Zeige mir deine Herrlichkeit", antwortete der Herr: "Ich will alle meine Güte vor dir vorübergehen lassen." Exodus 33:18, 19. Das ist seine Herrlichkeit. Der Herr ging vor Mose vorüber und verkündete: "Der Herr, der Herr, Gott, barmherzig und gnädig, langmütig und reich an Güte und Wahrheit, der Barmherzigkeit bewahrt für Tausende und vergibt Missetaten und Übertretungen und Sünden." Exodus 34:6, 7. Er ist "langsam zum Zorn und von großer Güte", "denn er hat Lust am Erbarmen". Jona 4,2; Micha 7,18.

Gott hat unsere Herzen durch zahllose Zeichen im Himmel und auf der Erde an sich gebunden. Durch die Dinge der Natur und die tiefsten und zärtlichsten irdischen Bande, die menschliche Herzen kennen können, hat er versucht, sich uns zu offenbaren. Doch diese geben seine Liebe nur unvollkommen wieder. Obwohl all diese Beweise gegeben wurden, hat der Feind des Guten den Verstand der Menschen verblendet, so dass sie Gott mit Furcht betrachteten; sie hielten ihn für streng und unversöhnlich. Satan verführte die Menschen dazu, sich Gott als ein Wesen vorzustellen, dessen Haupteigenschaft die strenge Gerechtigkeit ist, ein strenger Richter, ein strenger, fordernder Gläubiger. Er stellte sich den Schöpfer als ein Wesen vor, das mit eifersüchtigem Blick auf die Fehler und Irrtümer der Menschen achtet, um sie zu bestrafen. Um diesen dunklen Schatten zu beseitigen, indem er der Welt die unendliche Liebe Gottes offenbart, kam Jesus, um unter den Menschen zu leben.

Der Sohn Gottes kam vom Himmel, um den Vater zu offenbaren. "Niemand hat Gott je gesehen; der eingeborene Sohn, der im Schoß des Vaters ist, den hat er verkündigt." Johannes 1,18. "Und niemand kennt den Vater als nur der Sohn und der, dem der Sohn ihn offenbaren will." Matthäus 11:27. Als einer der Jünger die Bitte äußerte: "Zeige uns den Vater", antwortete Jesus: "Ich bin schon so lange bei euch, und du hast mich noch nicht erkannt, Philippus? Wer mich gesehen hat, der hat den Vater gesehen; wie kannst du dann sagen: Zeig uns den Vater?" Johannes 14:8, 9.

Bei der Beschreibung seiner irdischen Mission sagte Jesus: "Der Herr hat mich gesalbt, den Armen das Evangelium zu verkünden; er hat mich gesandt, zu heilen, die zerbrochenen Herzens sind, den Gefangenen Befreiung zu predigen und den Blinden das Augenlicht wiederzugeben, die Zerschlagenen in Freiheit zu setzen". Lukas 4,18. Das war sein Werk. Er ging umher, um Gutes zu tun und alle zu heilen, die vom Satan unterdrückt wurden. Es gab ganze Dörfer, in denen kein einziges Haus mehr über Krankheit klagte, denn er war durch sie gegangen und hatte alle Kranken geheilt. Sein Wirken zeugte von seiner göttlichen Salbung. Liebe, Barmherzigkeit und Mitgefühl offenbarten sich in jeder Handlung Seines Lebens; Sein Herz ging in zärtlichem Mitgefühl zu den Menschenkindern. Er nahm die Natur des Menschen an, damit er die Bedürfnisse der Menschen erreichen konnte. Die Ärmsten und Demütigsten hatten keine Angst, sich Ihm zu nähern. Sogar kleine Kinder wurden von Ihm angezogen. Sie liebten es, auf seine Knie zu klettern und in sein nachdenkliches, von Liebe erfülltes Gesicht zu blicken.

Jesus hat kein einziges Wort der Wahrheit unterdrückt, aber er hat es immer in Liebe ausgesprochen. Er übte in seinen Beziehungen zu den Menschen das größte Fingerspitzengefühl und eine rücksichtsvolle, freundliche Aufmerksamkeit aus. Er war nie unhöflich, sprach nie unnötigerweise ein hartes Wort, bereitete nie einer empfindlichen Seele unnötigen Schmerz. Er tadelte nicht die menschliche Schwäche. Er sprach die Wahrheit, aber immer in Liebe. Er prangerte Heuchelei, Unglauben und Ungerechtigkeit an; aber in seiner Stimme waren Tränen, als er seine vernichtenden Tadel aussprach. Er weinte über Jerusalem, die Stadt, die er liebte und die sich weigerte, ihn, den Weg, die Wahrheit und das Leben, aufzunehmen. Sie hatten Ihn, den Retter, verworfen, aber Er betrachtete sie mit mitleidiger Zärtlichkeit. Sein Leben war ein Leben der Selbstverleugnung und der Fürsorge für andere. Jede Seele war in seinen Augen wertvoll. Während Er sich selbst stets mit göttlicher Würde trug, verneigte Er sich mit der zärtlichsten Achtung vor jedem Glied der Familie Gottes. In allen Menschen sah er gefallene Seelen, die zu retten seine Aufgabe war.

Das ist der Charakter Christi, wie er sich in seinem Leben offenbart hat. Dies ist der Charakter Gottes. Aus dem Herzen des Vaters fließen die Ströme des göttlichen Mitgefühls, die sich in Christus offenbaren, zu den Menschenkindern. Jesus, der zärtliche, barmherzige Retter, war Gott "im Fleisch manifestiert". 1 Timotheus 3:16.

Um uns zu erlösen, hat Jesus gelebt, gelitten und ist gestorben. Er wurde "ein Mann der Schmerzen", damit wir der ewigen Freude teilhaftig werden. Gott ließ es zu, dass sein geliebter Sohn, der voller Gnade und Wahrheit war, aus einer Welt unbeschreiblicher Herrlichkeit in eine Welt kam, die von der Sünde gezeichnet und verdorben war, die vom Schatten des Todes und des Fluches verfinstert war. Er ließ zu, dass er den Schoß seiner Liebe und die Anbetung der Engel verließ, um Schande, Beleidigung, Erniedrigung, Hass und Tod zu erleiden. "Die Strafe unseres Friedens lag auf ihm, und durch seine Striemen sind wir geheilt". Jesaja 53,5. Seht Ihn in der Wüste, in Gethsemane, am Kreuz! Der makellose Sohn Gottes hat die Last der Sünde auf sich genommen. Er, der mit Gott eins war, spürte in Seiner Seele die schreckliche Trennung, die die Sünde zwischen Gott und dem Menschen verursacht. Dies entlockte Seinen Lippen den qualvollen Schrei: "Mein Gott, mein Gott, warum hast Du mich verlassen?" Matthäus 27:46. Es war die Last der Sünde, das Gefühl ihrer schrecklichen Ungeheuerlichkeit, ihrer Trennung der Seele von Gott - das war es, was das Herz des Sohnes Gottes zerbrach.

Aber dieses große Opfer wurde nicht gebracht, um im Herzen des Vaters eine Liebe für den Menschen zu schaffen, nicht um ihn zu retten. Nein, nein! "Also hat Gott die Welt geliebt, dass er seinen eingeborenen Sohn gab." Johannes 3:16. Der Vater liebt uns nicht wegen des großen Sühneopfers, sondern er hat das Sühneopfer gegeben, weil er uns liebt. Christus war das Medium, durch das er seine unendliche Liebe auf eine gefallene Welt ausgießen konnte. "Gott war in Christus und hat die Welt mit sich selbst versöhnt". 2 Korinther 5,19. Gott litt mit seinem Sohn. In der Agonie von Gethsemane, dem Tod auf dem Kalvarienberg, zahlte das Herz der unendlichen Liebe den Preis für unsere Erlösung.

Jesus sagte: "Darum liebt mich mein Vater, weil ich mein Leben hingebe, damit ich es wiedernehme." Johannes 10,17. Das heißt: "Mein Vater hat euch so sehr geliebt, dass er mich noch mehr liebt, weil ich mein Leben hingegeben habe, um euch zu erlösen. Indem ich euer Stellvertreter und Bürge wurde, indem ich mein Leben hingegeben habe, indem ich eure Schulden, eure Übertretungen auf mich genommen habe, bin ich meinem Vater lieb geworden; denn durch mein Opfer kann Gott gerecht sein und doch den, der an Jesus glaubt, rechtfertigen."

Niemand außer dem Sohn Gottes konnte unsere Erlösung vollbringen; denn nur Er, der im Schoß des Vaters war, konnte sie verkünden. Nur er, der die Höhe und Tiefe der Liebe Gottes kannte, konnte sie offenbaren. Nichts Geringeres als das unendliche Opfer, das Christus für den gefallenen Menschen gebracht hat, konnte die Liebe des Vaters zur verlorenen Menschheit zum Ausdruck bringen.

"Also hat Gott die Welt geliebt, dass er seinen eingeborenen Sohn gab." Er gab ihn nicht nur, um unter den Menschen zu leben, ihre Sünden zu tragen und als ihr Opfer zu sterben. Er gab ihn für das gefallene Volk. Christus sollte sich mit den Interessen und Bedürfnissen der Menschheit identifizieren. Er, der mit Gott eins war, hat sich mit den Menschenkindern durch ein Band verbunden, das niemals zerreißen wird. Jesus schämt sich nicht, sie Brüder zu nennen" (Hebräer 2,11); er ist unser Opfer, unser Fürsprecher, unser Bruder, der unsere menschliche Gestalt vor dem Thron des Vaters trägt und durch ewige Zeiten hindurch eins ist mit dem Geschlecht, das er erlöst hat - der Sohn des Menschen. Und das alles, damit der Mensch aus dem Verderben und der Erniedrigung der Sünde herausgehoben wird, damit er die Liebe Gottes widerspiegelt und die Freude der Heiligkeit teilt.

Der Preis, der für unsere Erlösung gezahlt wurde, das unendliche Opfer unseres himmlischen Vaters, der seinen Sohn gab, um für uns zu sterben, sollte uns eine erhabene Vorstellung davon vermitteln, was wir durch Christus werden können. Als der inspirierte Apostel Johannes die Höhe, die Tiefe und die Weite der Liebe des Vaters zu dem verderblichen Volk sah, wurde er von Anbetung und Ehrfurcht erfüllt; und da er keine geeigneten Worte fand, um die Größe und Zärtlichkeit dieser Liebe auszudrücken, rief er die Welt auf, sie zu sehen. "Seht, welch eine Liebe hat uns der Vater erwiesen, dass wir Gottes Kinder heißen sollen". 1 Johannes 3,1. Welchen Wert hat das für den Menschen! Durch Übertretungen werden die Söhne des Menschen zu Untertanen des Satans. Durch den Glauben an das Sühneopfer Christi können die Söhne Adams zu Söhnen Gottes werden. Indem Christus die menschliche Natur annimmt, erhebt er die Menschheit. Der gefallene Mensch wird in die Lage versetzt, durch die Verbindung mit Christus tatsächlich der Bezeichnung "Söhne Gottes" würdig zu werden.

Eine solche Liebe ist unvergleichlich. Kinder des himmlischen Königs! Kostbare Verheißung! Thema für die tiefste Meditation! Die unvergleichliche Liebe Gottes zu einer Welt, die ihn nicht liebte! Der Gedanke hat eine dämpfende

Kraft auf die Seele und bringt den Geist in die Gefangenschaft des Willens Gottes. Je mehr wir den göttlichen Charakter im Lichte des Kreuzes studieren, desto mehr sehen wir Barmherzigkeit, Zärtlichkeit und Vergebung, die sich mit Billigkeit und Gerechtigkeit vermischen, und desto deutlicher erkennen wir zahllose Beweise einer unendlichen Liebe und eines zärtlichen Mitleids, das das sehnsüchtige Mitgefühl einer Mutter für ihr missratenes Kind übertrifft.

Kapitel 2—Das Bedürfnis des Sünders nach Christus

Der Mensch war ursprünglich mit edlen Kräften und einem ausgeglichenen Geist ausgestattet. Er war vollkommen in seinem Wesen und in Harmonie mit Gott. Seine Gedanken waren rein, seine Ziele heilig. Doch durch Ungehorsam wurden seine Kräfte verkehrt, und Selbstsucht trat an die Stelle der Liebe. Sein Wesen wurde durch die Übertretung so geschwächt, dass es ihm unmöglich war, aus eigener Kraft der Macht des Bösen zu widerstehen. Er wurde von Satan gefangen genommen und wäre es für immer geblieben, wenn Gott nicht speziell eingegriffen hätte. Es war die Absicht des Verführers, den göttlichen Plan für die Erschaffung des Menschen zu vereiteln und die Erde mit Leid und Verwüstung zu erfüllen. Und er wollte all dieses Übel als das Ergebnis von Gottes Werk bei der Erschaffung des Menschen darstellen.

In seinem sündlosen Zustand hatte der Mensch freudige Gemeinschaft mit ihm, "in dem alle Schätze der Weisheit und der Erkenntnis verborgen sind". Kolosser 2,3. Aber nach seiner Sünde konnte er keine Freude mehr an der Heiligkeit finden und suchte sich vor der Gegenwart Gottes zu verstecken. Das ist immer noch der Zustand des unerneuerten Herzens. Es ist nicht in Harmonie mit Gott und findet keine Freude in der Gemeinschaft mit ihm. Der Sünder könnte in Gottes Gegenwart nicht glücklich sein; er würde vor der Gemeinschaft mit heiligen Wesen zurückschrecken. Würde man ihm den Eintritt in den Himmel gestatten, so hätte er keine Freude daran. Der Geist der selbstlosen Liebe, der dort herrscht - jedes Herz antwortet auf das Herz der Unendlichen

Liebe -, würde keinen antwortenden Akkord in seiner Seele berühren. Seine Gedanken, seine Interessen, seine Motive wären denjenigen fremd, die die sündlosen Bewohner dort bewegen. Er wäre ein Misston in der Melodie des Himmels. Der Himmel wäre für ihn ein Ort der Qual; er würde sich danach sehnen, vor dem verborgen zu sein, der sein Licht und der Mittelpunkt seiner Freude ist. Es ist keine willkürliche Entscheidung Gottes, die die Bösen vom Himmel ausschließt; sie sind durch ihre eigene Untauglichkeit für seine Gemeinschaft ausgeschlossen. Die Herrlichkeit Gottes wäre für sie wie ein verzehrendes Feuer. Sie würden die Zerstörung begrüßen, um vor dem Antlitz dessen verborgen zu sein, der starb, um sie zu erlösen.

Es ist uns unmöglich, aus eigener Kraft aus dem Sündenpfuhl zu entkommen, in dem wir versunken sind. Unser Herz ist böse, und wir können es nicht ändern. "Wer kann das Reine aus dem Unreinen hervorbringen? niemand." "Der fleischliche Geist ist Feindschaft gegen Gott; denn er ist dem Gesetz Gottes nicht untertan und kann es auch nicht sein." Hiob 14,4; Römer 8,7. Erziehung, Kultur, Willensanstrengung, menschliches Bemühen - sie alle haben ihren Platz, aber hier sind sie machtlos. Sie mögen ein äußerlich korrektes Verhalten hervorbringen, aber sie können das Herz nicht verändern; sie können die Quellen des Lebens nicht reinigen. Es muss eine Kraft von innen wirken, ein neues Leben von oben, bevor der Mensch von der Sünde zur Heiligkeit umgewandelt werden kann. Diese Kraft ist Christus. Seine Gnade allein kann die leblosen Fähigkeiten der Seele beleben und sie zu Gott und zur Heiligkeit führen.

Der Heiland sagte: "Wenn der Mensch nicht von oben geboren wird", wenn er nicht ein neues Herz, neue Wünsche,

Absichten und Beweggründe erhält, die zu einem neuen Leben führen, "kann er das Reich Gottes nicht sehen". Johannes 3:3, Randbemerkung. Die Vorstellung, dass es nur notwendig ist, das Gute zu entwickeln, das von Natur aus im Menschen vorhanden ist, ist eine fatale Täuschung. "Der natürliche Mensch nimmt die Dinge des Geistes Gottes nicht an; denn sie sind ihm eine Torheit, und er kann sie nicht erkennen, denn sie sind geistlich unterschieden." "Wundert euch nicht, dass ich zu euch gesagt habe: Ihr müsst von neuem geboren werden." 1 Korinther 2,14; Johannes 3,7. Von Christus steht geschrieben: "In ihm war das Leben, und das Leben war das Licht der Menschen" - der einzige "Name, der unter dem Himmel den Menschen gegeben ist, durch den wir gerettet werden müssen." Johannes 1,4; Apostelgeschichte 4,12.

Es genügt nicht, die liebende Güte Gottes zu erkennen, das Wohlwollen, die väterliche Zärtlichkeit seines Charakters zu sehen. Es reicht nicht aus, die Weisheit und Gerechtigkeit seines Gesetzes zu erkennen, um zu sehen, dass es auf dem ewigen Prinzip der Liebe beruht. Der Apostel Paulus sah all dies, als er ausrief: "Ich bejahe das Gesetz, dass es gut ist." "Das Gesetz ist heilig, und das Gebot ist heilig und gerecht und gut." Aber er fügte in der Bitterkeit seiner Seelenpein und Verzweiflung hinzu: "Ich bin fleischlich und unter die Sünde verkauft." Römer 7:16, 12, 14. Er sehnte sich nach der Reinheit, der Gerechtigkeit, die er aus eigener Kraft nicht erlangen konnte, und rief: "Ich elender Mensch, wer wird mich erlösen von diesem Leibe des Todes?" Römer 7,24, Randbemerkung. Das ist der Schrei, der aus belasteten Herzen in allen Ländern und zu allen Zeiten ertönt ist. Für alle gibt es nur eine Antwort: "Seht das Lamm Gottes, das die Sünde der Welt wegnimmt". Johannes 1:29.

Es gibt viele Bilder, mit denen der Geist Gottes versucht hat, diese Wahrheit zu veranschaulichen und sie den Seelen klar zu machen, die sich danach sehnen, von der Last der Schuld befreit zu werden. Als Jakob nach seiner Sünde, Esau betrogen zu haben, aus dem Haus seines Vaters floh, war er von Schuldgefühlen geplagt. Einsam und ausgestoßen, getrennt von allem, was ihm das Leben lieb und teuer gemacht hatte, drückte vor allem der Gedanke auf seine Seele, dass er durch seine Sünde von Gott abgeschnitten und vom Himmel verlassen war. Traurig legte er sich zur Ruhe auf die kahle Erde, um sich herum nur die einsamen Hügel, und über ihm der sternenklare Himmel. Während er schlief, fiel ein seltsames Licht auf seine Vision; und siehe da, von der Ebene, auf der er lag, schienen riesige schattenhafte Stufen hinauf zu den Himmelstoren zu führen, und auf ihnen gingen Engel Gottes auf und ab, während aus der Herrlichkeit darüber die göttliche Stimme eine Botschaft des Trostes und der Hoffnung vernahm. So wurde Jakob das bekannt gemacht, was die Not und die Sehnsucht seiner Seele erfüllte - ein Retter. Mit Freude und Dankbarkeit sah er einen Weg offenbart, durch den er, ein Sünder, wieder in die Gemeinschaft mit Gott zurückkehren konnte. Die mystische Leiter in seinem Traum stellte Jesus dar, das einzige Medium der Kommunikation zwischen Gott und Mensch.

Dies ist dasselbe Bild, auf das sich Christus in seinem Gespräch mit Nathanael bezog, als er sagte: "Ihr werdet den Himmel offen sehen und die Engel Gottes auf- und niedersteigen auf den Menschensohn." Johannes 1,51. Im Glaubensabfall hat sich der Mensch von Gott entfremdet; die Erde wurde vom Himmel abgeschnitten. Über die Kluft hinweg, die dazwischen lag, konnte es keine Gemeinschaft geben. Doch durch Christus ist die Erde wieder mit dem

Himmel verbunden. Mit seinen eigenen Verdiensten hat Christus die Kluft überbrückt, die die Sünde geschaffen hatte, so dass die dienenden Engel mit den Menschen Gemeinschaft halten können. Christus verbindet den gefallenen Menschen in seiner Schwäche und Hilflosigkeit mit der Quelle der unendlichen Macht.

Aber vergeblich sind die Träume der Menschen vom Fortschritt, vergeblich alle Bemühungen um die Hebung der Menschheit, wenn sie die einzige Quelle der Hoffnung und Hilfe für das gefallene Volk vernachlässigen. "Jede gute Gabe und jede vollkommene Gabe" (Jakobus 1,17) kommt von Gott. Es gibt keine wahre Vorzüglichkeit des Charakters außer von ihm. Und der einzige Weg zu Gott ist Christus. Er sagt: "Ich bin der Weg, die Wahrheit und das Leben; niemand kommt zum Vater denn durch mich." Johannes 14:6.

Das Herz Gottes sehnt sich nach seinen irdischen Kindern mit einer Liebe, die stärker ist als der Tod. Indem er seinen Sohn hingab, hat er uns den ganzen Himmel in einem einzigen Geschenk ausgegossen. Das Leben und Sterben und die Fürsprache des Erlösers, das Wirken der Engel, das Flehen des Geistes, das Wirken des Vaters über allem und durch alles, das unablässige Interesse der himmlischen Wesen - all das wird für die Erlösung des Menschen eingesetzt.

Oh, lasst uns über das erstaunliche Opfer nachdenken, das für uns gebracht wurde! Versuchen wir, die Arbeit und die Energie zu würdigen, die der Himmel aufwendet, um die Verlorenen zurückzugewinnen und sie in das Haus des Vaters zurückzubringen. Stärkere Motive und mächtigere Kräfte könnten niemals zum Einsatz gebracht werden; die überragende Belohnung für rechtes Handeln, die Freude am Himmel, die Gesellschaft der Engel, die Gemeinschaft und

Liebe Gottes und seines Sohnes, die Erhöhung und Ausdehnung all unserer Kräfte in ewigen Zeiten - sind das nicht mächtige Anreize und Ermutigungen, die uns dazu drängen, unserem Schöpfer und Erlöser den liebenden Dienst des Herzens zu leisten?

Andererseits werden die Urteile Gottes über die Sünde, die unvermeidliche Vergeltung, die Herabsetzung unseres Charakters und die endgültige Zerstörung in Gottes Wort dargestellt, um uns vor dem Dienst des Satans zu warnen.

Sollen wir nicht die Barmherzigkeit Gottes betrachten? Was könnte er noch tun? Stellen wir uns in die richtige Beziehung zu Ihm, der uns mit erstaunlicher Liebe geliebt hat. Nutzen wir die Mittel, die uns zur Verfügung stehen, damit wir in sein Ebenbild verwandelt werden und die Gemeinschaft mit den dienenden Engeln, die Harmonie und die Gemeinschaft mit dem Vater und dem Sohn wiederhergestellt werden kann.

Kapitel 3—Reue

Wie kann ein Mensch vor Gott gerecht werden? Wie soll der Sünder gerecht gemacht werden? Nur durch Christus können wir mit Gott, mit der Heiligkeit, in Einklang gebracht werden; aber wie sollen wir zu Christus kommen? Viele stellen sich dieselbe Frage wie die Menge am Pfingsttag, als sie, von der Sünde überführt, rief: "Was sollen wir tun?" Das erste Wort der Antwort des Petrus war: "Tut Buße". Apostelgeschichte 2:37, 38. Ein anderes Mal, kurz danach, sagte er: "Tut Buße, ... und bekehrt euch, damit eure Sünden ausgelöscht werden." Apostelgeschichte 3,19.

Zur Reue gehört die Reue über die Sünde und die Abkehr von ihr. Wir werden der Sünde nicht abschwören, wenn wir ihre Sündhaftigkeit nicht erkennen; solange wir uns nicht im Herzen von ihr abwenden, wird es keine wirkliche Veränderung in unserem Leben geben.

Es gibt viele, die das wahre Wesen der Reue nicht verstehen. Viele bereuen, dass sie gesündigt haben, und versuchen sogar, sich äußerlich zu bessern, weil sie fürchten, dass ihr Fehlverhalten Leid über sie bringen wird. Aber das ist keine Buße im biblischen Sinn. Sie beklagen eher das Leid als die Sünde. So trauerte Esau, als er sah, dass er das Erstgeburtsrecht für immer verloren hatte. Bileam, erschrocken über den Engel, der mit gezücktem Schwert auf seinem Weg stand, bekannte seine Schuld, um nicht sein Leben zu verlieren; aber es gab keine echte Reue über die Sünde, keine Umkehr der Absichten, keine Abscheu vor dem Bösen.

Judas Iskariot rief, nachdem er seinen Herrn verraten hatte, aus: "Ich habe gesündigt, weil ich das unschuldige Blut verraten habe." Matthäus 27:4.

Das Bekenntnis wurde von seiner schuldigen Seele durch ein schreckliches Gefühl der Verurteilung und ein ängstliches Erwarten des Gerichts erzwungen. Die Folgen, die sich daraus für ihn ergeben sollten, erfüllten ihn mit Schrecken, aber es gab keinen tiefen, herzzerreißenden Schmerz in seiner Seele, dass er den unbefleckten Sohn Gottes verraten und den Heiligen Israels verleugnet hatte. Als Pharao unter den Gerichten Gottes litt, bekannte er seine Sünde, um einer weiteren Bestrafung zu entgehen, aber er kehrte zu seiner Verachtung des Himmels zurück, sobald die Plagen aufgehalten wurden. Sie alle beklagten die Folgen der Sünde, aber sie trauerten nicht um die Sünde selbst.

Aber wenn das Herz dem Einfluss des Geistes Gottes nachgibt, wird das Gewissen erweckt, und der Sünder wird etwas von der Tiefe und Heiligkeit von Gottes heiligem Gesetz erkennen, der Grundlage seiner Regierung im Himmel und auf Erden. Das "Licht, das jeden Menschen, der in die Welt kommt, erleuchtet", erhellt die geheimen Kammern der Seele, und die verborgenen Dinge der Finsternis werden offenbar. Johannes 1,9. Die Überzeugung ergreift den Verstand und das Herz. Der Sünder hat ein Gefühl für die Gerechtigkeit Jehovas und spürt den Schrecken, in seiner eigenen Schuld und Unreinheit vor dem Sucher der Herzen zu erscheinen. Er sieht die Liebe Gottes, die Schönheit der Heiligkeit, die Freude der Reinheit; er sehnt sich danach, gereinigt zu werden und wieder in die Gemeinschaft mit dem Himmel aufgenommen zu werden.

Das Gebet Davids nach seinem Sündenfall veranschaulicht das Wesen der wahren Reue über die Sünde. Seine Reue war aufrichtig und tief. Er versuchte nicht, seine Schuld zu beschönigen; sein Gebet war nicht von dem Wunsch beseelt, dem angedrohten Gericht zu entgehen. David sah die Ungeheuerlichkeit seiner Übertretung; er sah die Verunreinigung seiner Seele; er verabscheute seine Sünde. Er betete nicht nur um Vergebung, sondern auch um die Reinheit des Herzens. Er sehnte sich nach der Freude der Heiligkeit, nach der Wiederherstellung von Harmonie und Gemeinschaft mit Gott. Dies war die Sprache seiner Seele:

"Selig ist, wem die Schuld vergeben wird,

deren Sünde bedeckt ist.

Gesegnet ist der Mann, dem der Herr

rechnet keine Ungerechtigkeit zu,

und in dessen Geist keine Arglist ist." Psalm 32:1, 2.

"Erbarme dich meiner, o Gott, nach dem

Deine liebende Güte:

Nach der Fülle Deines Angebots

Barmherzigkeit tilgt meine Übertretungen....

Denn ich bekenne meine Übertretungen, und meine

Sünde ist immer vor mir....

Reinige mich mit Ysop, und ich werde rein sein:

wasche mich, und ich werde weißer sein als Schnee....

Schaffe in mir ein reines Herz, o Gott;

Und erneuere einen rechten Geist in mir.

Stoße mich nicht weg von deiner Gegenwart;

Und nimm deinen Heiligen Geist nicht von mir.

Gib mir die Freude deines Heils zurück;

Und stütze mich mit Deinem freien Geist....

Erlöse mich von der Blutschuld, o Gott, Du

Gott meines Heils:

Und meine Zunge wird laut singen von Deinem

Rechtschaffenheit". Psalm 51:1-14.

Eine Umkehr wie diese können wir aus eigener Kraft nicht erreichen; sie kann nur von Christus kommen, der in die Höhe gestiegen ist und den Menschen Gaben gegeben hat.

Genau hier ist ein Punkt, in dem viele irren und deshalb die Hilfe, die Christus ihnen geben will, nicht erhalten. Sie denken, dass sie nicht zu Christus kommen können, wenn sie nicht zuerst Buße tun, und dass die Buße die Vergebung ihrer Sünden vorbereitet. Es ist wahr, dass die Reue der Vergebung der Sünden vorausgeht; denn nur das zerbrochene und zerknirschte Herz wird das Bedürfnis nach einem Erlöser spüren. Aber muss der Sünder warten, bis er Buße getan hat, bevor er zu Jesus kommen kann? Soll die Reue ein Hindernis zwischen dem Sünder und dem Erlöser sein?

Die Bibel lehrt nicht, dass der Sünder Buße tun muss, bevor er der Einladung Christi folgen kann: "Kommt her zu mir alle, die ihr mühselig und beladen seid, so will ich euch erquicken." Matthäus 11,28. Es ist die Tugend, die von Christus ausgeht, die zu echter Umkehr führt. Petrus machte dies in seiner Erklärung an die Israeliten deutlich, als er sagte: "Ihn hat Gott mit seiner Rechten erhöht zum Fürsten und Heiland, um Israel Buße und Vergebung der Sünden zu geben." Apostelgeschichte 5,31. Ohne den Geist Christi, der das Gewissen erweckt, können wir ebenso wenig Buße tun, wie wir ohne Christus begnadigt werden können.

Christus ist die Quelle jedes richtigen Impulses. Er ist der Einzige, der im Herzen Feindschaft gegen die Sünde einpflanzen kann. Jedes Verlangen nach Wahrheit und Reinheit, jede Überzeugung von unserer eigenen Sündhaftigkeit ist ein Beweis dafür, dass sein Geist in unseren Herzen wirkt.

Jesus hat gesagt: "Wenn ich von der Erde erhöht werde, werde ich alle Menschen zu mir ziehen". Johannes 12:32. Christus muss dem Sünder als der für die Sünden der Welt sterbende Erlöser offenbart werden; und wenn wir das Lamm Gottes am Kreuz von Golgatha sehen, beginnt sich das Geheimnis der Erlösung vor unserem Verstand zu entfalten, und die Güte Gottes führt uns zur Umkehr. Indem Christus für die Sünder starb, offenbarte er eine unbegreifliche Liebe; und wenn der Sünder diese Liebe sieht, erweicht sie das Herz, beeindruckt den Verstand und weckt die Reue in der Seele.

Es ist wahr, dass Menschen sich manchmal ihrer Sünden schämen und einige ihrer schlechten Gewohnheiten aufgeben, bevor sie sich bewusst sind, dass sie zu Christus gezogen werden. Aber immer, wenn sie sich aus dem aufrichtigen Wunsch, das Richtige zu tun, um eine Reform bemühen, ist es die Kraft Christi, die sie zieht. Ein Einfluss, dessen sie sich nicht bewusst sind, wirkt auf die Seele, und das Gewissen wird erweckt und das äußere Leben verändert. Und wenn Christus sie dazu bringt, auf sein Kreuz zu schauen, um den zu sehen, den ihre Sünden durchbohrt haben, wird das Gebot ihrem Gewissen bewusst. Die Schlechtigkeit ihres Lebens, die tief sitzende Sünde der Seele, wird ihnen offenbart. Sie beginnen, etwas von der Gerechtigkeit Christi zu begreifen, und rufen aus: "Was ist die Sünde, dass sie ein solches Opfer zur Erlösung ihres Opfers erfordert? Wurde all diese Liebe, all dieses Leiden, all diese Erniedrigung gefordert, damit wir nicht zugrunde gehen, sondern das ewige Leben haben?"

Der Sünder mag sich dieser Liebe widersetzen, er mag sich weigern, zu Christus hingezogen zu werden; aber wenn er sich nicht widersetzt, wird er zu Jesus hingezogen werden; die Kenntnis des Heilsplans wird ihn zum Fuß des Kreuzes führen, um seine Sünden zu bereuen, die die Leiden des lieben Sohnes Gottes verursacht haben.

Derselbe göttliche Geist, der an den Dingen der Natur arbeitet, spricht zu den Herzen der Menschen und erzeugt ein unsagbares Verlangen nach etwas, das sie nicht haben. Die Dinge der Welt können ihre Sehnsucht nicht stillen. Der Geist Gottes bittet sie, nach den Dingen zu suchen, die allein Frieden und Ruhe geben können - die Gnade Christi, die Freude der Heiligkeit. Durch sichtbare und unsichtbare Einflüsse ist unser Erlöser ständig am Werk, um den Geist der Menschen von den unbefriedigenden Vergnügungen der Sünde zu den unendlichen Segnungen zu ziehen, die sie in ihm finden können. An all diese Seelen, die vergeblich versuchen, aus den zerbrochenen Zisternen dieser Welt zu trinken, ist die göttliche Botschaft gerichtet: "Wer durstig ist, der komme. Und wer da will, der nehme das Wasser des Lebens umsonst." Offenbarung 22:17.

Ihr, die ihr euch im Herzen nach etwas Besserem sehnt, als diese Welt geben kann, erkennt diese Sehnsucht als die Stimme Gottes zu eurer Seele. Bittet ihn, euch Umkehr zu schenken, euch Christus in seiner unendlichen Liebe, in seiner vollkommenen Reinheit zu offenbaren. Im Leben des Erlösers wurden die Grundsätze des göttlichen Gesetzes - die Liebe zu

Gott und den Menschen - vollkommen vorgelebt. Wohltätigkeit, selbstlose Liebe, war das Leben Seiner Seele. Wenn wir Ihn betrachten, wenn das Licht unseres Erlösers auf uns fällt, dann sehen wir die Sündhaftigkeit unseres eigenen Herzens.

Wir mögen uns wie Nikodemus geschmeichelt haben, dass unser Leben aufrecht war, dass unser moralischer Charakter in Ordnung ist, und denken, dass wir es nicht nötig haben, unser Herz vor Gott zu demütigen, wie der gewöhnliche Sünder; aber wenn das Licht von Christus in unsere Seelen scheint, werden wir sehen, wie unrein wir sind; wir werden die Selbstsucht des Motivs erkennen, die Feindschaft gegen Gott, die jede Handlung des Lebens verunreinigt hat. Dann werden wir wissen, dass unsere eigene Gerechtigkeit in der Tat wie schmutzige Lumpen ist und dass das Blut Christi allein uns von der Verunreinigung durch die Sünde reinigen und unsere Herzen nach seinem Ebenbild erneuern kann.

Ein Strahl der Herrlichkeit Gottes, ein Schimmer der Reinheit Christi, der die Seele durchdringt, macht jeden Fleck der Verunreinigung schmerzlich deutlich und legt die Entstellung und die Mängel des menschlichen Charakters bloß. Er macht die unheiligen Begierden, die Untreue des Herzens, die Unreinheit der Lippen sichtbar. Die Untreue des Sünders, die das Gesetz Gottes außer Kraft setzt, wird ihm vor Augen geführt, und sein Geist wird unter dem prüfenden Einfluss des Geistes Gottes erschüttert und gequält. Er verabscheut sich selbst, wenn er den reinen, makellosen Charakter Christi sieht.

Als der Prophet Daniel die Herrlichkeit erblickte, die den himmlischen Boten umgab, der zu ihm gesandt worden war, wurde er von dem Gefühl seiner eigenen Schwäche und

Unvollkommenheit überwältigt. Er beschreibt die Wirkung dieser wunderbaren Szene mit den Worten: "Es blieb keine Kraft in mir; denn meine Schönheit wurde in mir in Verderbnis verwandelt, und ich hatte keine Kraft mehr." Daniel 10,8. Die so berührte Seele wird ihre Selbstsucht hassen, ihre Eigenliebe verabscheuen und durch die Gerechtigkeit Christi nach der Reinheit des Herzens streben, die in Einklang mit dem Gesetz Gottes und dem Charakter Christi steht.

Paulus sagt, dass er "nach der Gerechtigkeit, die im Gesetz ist" - was die äußeren Handlungen betrifft - "tadellos" war (Philipper 3,6); aber als er den geistlichen Charakter des Gesetzes erkannte, sah er sich als Sünder. Nach dem Buchstaben des Gesetzes beurteilt, wie die Menschen es auf das äußere Leben anwenden, hatte er sich der Sünde enthalten; aber als er in die Tiefen seiner heiligen Vorschriften blickte und sich selbst sah, wie Gott ihn sah, beugte er sich in Demut und bekannte seine Schuld. Er sagt: "Ich lebte einst ohne das Gesetz; als aber das Gebot kam, wurde die Sünde wieder lebendig, und ich starb." Römer 7,9. Als er die geistliche Natur des Gesetzes sah, erschien die Sünde in ihrer wahren Abscheulichkeit, und sein Selbstwertgefühl war dahin.

Gott sieht nicht alle Sünden als gleich groß an; es gibt in seiner Einschätzung ebenso wie in der des Menschen verschiedene Grade von Schuld; aber wie geringfügig diese oder jene falsche Handlung in den Augen der Menschen auch erscheinen mag, in den Augen Gottes ist keine Sünde gering. Das Urteil des Menschen ist parteiisch, unvollkommen; Gott aber schätzt alle Dinge so ein, wie sie wirklich sind. Der Trunkenbold wird verachtet und es wird ihm gesagt, dass seine Sünde ihn vom Himmel ausschließen wird, während Stolz, Selbstsucht und Habgier allzu oft nicht geahndet werden. Aber das sind Sünden, die Gott besonders beleidigen, denn sie widersprechen dem Wohlwollen seines Charakters, jener selbstlosen Liebe, die die Atmosphäre des ungefallenen Universums ist. Derjenige, der in einige der gröberen Sünden verfällt, mag ein Gefühl für seine Schande und Armut und sein Bedürfnis nach der Gnade Christi empfinden; aber der Stolz empfindet kein Bedürfnis, und so verschließt er das Herz gegen Christus und die unendlichen Segnungen, die er zu geben kam.

Der arme Zöllner, der betete: "Gott sei mir Sünder gnädig" (Lk 18,13), hielt sich selbst für einen sehr bösen Menschen, und andere sahen ihn in demselben Licht; aber er spürte seine Not, und mit seiner Last von Schuld und Schande trat er vor Gott und bat um sein Erbarmen. Sein Herz war offen für das gnädige Wirken des Geistes Gottes, der ihn von der Macht der Sünde befreite. Das hochmütige, selbstgerechte Gebet des Pharisäers zeigte, dass sein Herz gegen den Einfluss des Heiligen Geistes verschlossen war. Wegen seiner Entfernung von Gott hatte er kein Gefühl für seine eigene Verunreinigung im Gegensatz zur Vollkommenheit der göttlichen Heiligkeit. Er fühlte kein Bedürfnis, und er empfing nichts.

Wenn du deine Sündhaftigkeit erkennst, warte nicht darauf, dich zu bessern. Wie viele sind der Meinung, sie seien nicht gut genug, um zu Christus zu kommen. Erwarten Sie, dass Sie durch Ihre eigenen Anstrengungen besser werden? "Kann der Äthiopier seine Haut wechseln oder das Leopardenfell seine Flecken? dann könnt auch ihr Gutes tun, die ihr gewohnt seid, Böses zu tun." Jeremia 13,23. Hilfe gibt es für uns nur bei Gott. Wir dürfen nicht auf stärkere Überredungskünste, auf bessere Gelegenheiten oder heiligere

Gemüter warten. Wir können nichts aus eigener Kraft tun. Wir müssen zu Christus kommen, so wie wir sind.

Aber niemand soll sich mit dem Gedanken täuschen, dass Gott in seiner großen Liebe und Barmherzigkeit auch die Verweigerer seiner Gnade noch retten wird. Die übergroße Sündhaftigkeit der Sünde kann nur im Licht des Kreuzes ermessen werden. Wenn Menschen darauf drängen, dass Gott zu gut ist, um den Sünder zu verstoßen, sollen sie auf Golgatha schauen. Weil es keinen anderen Weg gab, auf dem der Mensch gerettet werden konnte, weil es ohne dieses Opfer für das Menschengeschlecht unmöglich war, der verunreinigenden Macht der Sünde zu entkommen und wieder in die Gemeinschaft mit den heiligen Wesen aufgenommen zu werden, weil es für sie unmöglich war, wieder des geistlichen Lebens teilhaftig zu werden, deshalb nahm Christus die Schuld der Ungehorsamen auf sich und litt an der Stelle des Sünders. Die Liebe, das Leiden und der Tod des Gottessohnes bezeugen das schreckliche Ausmaß der Sünde und erklären, dass es kein Entrinnen aus ihrer Macht, keine Hoffnung auf ein höheres Leben gibt, außer durch die Unterwerfung der Seele unter Christus.

Die Unbußfertigen entschuldigen sich manchmal, indem sie von bekennenden Christen sagen: "Ich bin genauso gut wie sie. Sie sind nicht selbstverleugnender, nüchterner oder umsichtiger in ihrem Verhalten als ich. Sie lieben das Vergnügen und den Selbstgenuss genauso wie ich. So machen sie die Fehler der anderen zu einer Entschuldigung für ihre eigene Pflichtvergessenheit. Aber die Sünden und Fehler der anderen entschuldigen niemanden, denn der Herr hat uns kein menschliches Vorbild gegeben, das sich irrt. Der makellose Sohn Gottes ist uns als Beispiel gegeben worden, und diejenigen, die sich über den falschen Weg der bekennenden Christen beklagen, sind diejenigen, die ein besseres Leben und ein edleres Beispiel zeigen sollten. Wenn sie eine so hohe Vorstellung von dem haben, was ein Christ sein sollte, ist dann nicht ihre eigene Sünde um so größer? Sie wissen, was richtig ist, und weigern sich dennoch, es zu tun.

Hüten Sie sich vor Zaudern. Schieben Sie nicht die Arbeit auf, Ihre Sünden zu verlassen und die Reinheit des Herzens durch Jesus zu suchen. Hier haben Tausende und Abertausende einen Fehler begangen, der ihnen ewigen Schaden zugefügt hat. Ich will hier nicht auf die Kürze und Ungewissheit des Lebens eingehen; aber es besteht eine schreckliche Gefahr - eine Gefahr, die nicht ausreichend verstanden wird -, wenn man es hinauszögert, der flehenden Stimme von Gottes Heiligem Geist nachzugeben, wenn man sich entscheidet, in Sünde zu leben; denn ein solches Hinauszögern ist es wirklich. Die Sünde, wie gering sie auch sein mag, kann nur unter der Gefahr eines unendlichen Verlustes hingenommen werden. Was wir nicht überwinden, wird uns überwinden und unser Verderben bewirken.

Adam und Eva redeten sich ein, dass eine so kleine Sache wie der Verzehr der verbotenen Frucht keine so schrecklichen Folgen haben könne, wie Gott sie angekündigt hatte. Aber diese Kleinigkeit war die Übertretung von Gottes unveränderlichem und heiligem Gesetz, und sie trennte den Menschen von Gott und öffnete die Schleusen des Todes und unsagbaren Leids über unsere Welt. Von Zeitalter zu Zeit ist von unserer Erde ein ständiger Schrei der Trauer ausgegangen, und die ganze Schöpfung seufzt und schmerzt als Folge des Ungehorsams des Menschen. Der Himmel selbst hat die Auswirkungen seiner Rebellion gegen Gott gespürt.

Golgatha steht als Mahnmal für das erstaunliche Opfer, das erforderlich war, um die Übertretung des göttlichen Gesetzes zu sühnen. Betrachten wir die Sünde nicht als etwas Unbedeutendes.

Jede Übertretung, jede Vernachlässigung oder Ablehnung der Gnade Christi wirkt auf dich selbst zurück; sie verhärtet das Herz, verdirbt den Willen, betäubt den Verstand und macht dich nicht nur weniger geneigt, sondern auch weniger fähig, dem zärtlichen Flehen von Gottes Heiligem Geist nachzugeben.

Viele beruhigen ihr aufgewühltes Gewissen mit dem Gedanken, dass sie den Weg des Bösen ändern können, wenn sie es wollen; dass sie mit den Einladungen der Barmherzigkeit leichtfertig umgehen können und dennoch immer wieder beeindruckt werden. Sie denken, dass sie, nachdem sie dem Geist der Gnade getrotzt haben, nachdem sie ihren Einfluss auf die Seite Satans gestellt haben, in einem Moment schrecklicher Not ihren Kurs ändern können. Aber das ist nicht so leicht möglich. Die Erfahrung, die Erziehung eines Lebens hat den Charakter so gründlich geformt, dass nur wenige danach verlangen, das Bild Jesu anzunehmen.

Ein einziger falscher Charakterzug, ein einziger sündiger Wunsch, der beharrlich gehegt wird, wird schließlich die ganze Kraft des Evangeliums neutralisieren. Jede sündige Nachsicht verstärkt die Abneigung der Seele gegen Gott. Der Mensch, der eine ungläubige Hartnäckigkeit oder eine sture Gleichgültigkeit gegenüber der göttlichen Wahrheit an den Tag legt, erntet nur die Ernte dessen, was er selbst gesät hat. In der ganzen Bibel gibt es keine furchterregendere Warnung davor, mit dem Bösen zu spielen, als die Worte des Weisen, dass der Sünder "mit den Stricken seiner Sünden festgehalten werden wird". Sprüche 5:22.

Christus ist bereit, uns von der Sünde zu befreien, aber er zwingt den Willen nicht; und wenn der Wille selbst durch anhaltende Übertretungen ganz auf das Böse ausgerichtet ist und wir nicht frei werden wollen, wenn wir seine Gnade nicht annehmen, was kann er dann noch tun? Wir haben uns selbst zerstört, indem wir seine Liebe entschieden abgelehnt haben. "Siehe, jetzt ist die rechte Zeit; siehe, jetzt ist der Tag des Heils." "Wenn ihr heute seine Stimme hören wollt, so verstockt eure Herzen nicht." 2 Korinther 6:2; Hebräer 3:7, 8.

"Der Mensch sieht auf das Äußere, aber der Herr sieht auf das Herz" - das menschliche Herz mit seinen widersprüchlichen Gefühlen von Freude und Trauer; das umherwandernde, eigensinnige Herz, das so viel Unreinheit und Betrug beherbergt. 1 Samuel 16,7. Er kennt seine Beweggründe, seine Absichten und Absichten. Geh zu ihm mit deiner Seele, die so befleckt ist, wie sie ist. Erforsche mich, Gott, und erkenne mein Herz; prüfe mich und erkenne meine Gedanken, und sieh, ob nicht ein böser Weg in mir ist, und führe mich auf den ewigen Weg." Psalm 139:23, 24.

Viele nehmen eine intellektuelle Religion an, eine Form der Frömmigkeit, wenn das Herz nicht gereinigt ist. Lass es dein Gebet sein: "Schaffe in mir ein reines Herz, o Gott, und erneuere einen rechten Geist in mir." Psalm 51:10. Kümmere dich aufrichtig um deine eigene Seele. Seien Sie so ernsthaft und beharrlich, wie Sie es sein würden, wenn Ihr Leben auf dem Spiel stünde. Dies ist eine Angelegenheit, die zwischen Gott und Ihrer eigenen Seele geregelt werden muss, geregelt für die Ewigkeit. Eine vermeintliche Hoffnung, und nichts weiter, wird Ihr Verderben sein.

Studiere Gottes Wort unter Gebet. Dieses Wort stellt Ihnen im Gesetz Gottes und im Leben Christi die großen Grundsätze der Heiligkeit vor Augen, ohne die "kein Mensch den Herrn sehen wird". Hebräer 12,14. Es überzeugt von der Sünde; es offenbart deutlich den Weg des Heils. Achte auf sie als die Stimme Gottes, die zu deiner Seele spricht.

Wenn Sie die Ungeheuerlichkeit der Sünde sehen, wenn Sie sich selbst so sehen, wie Sie wirklich sind, geben Sie nicht der Verzweiflung nach. Christus ist gekommen, um die Sünder zu retten. Wir müssen Gott nicht mit uns versöhnen, sondern - oh wunderbare Liebe - Gott ist in Christus dabei, "die Welt mit sich selbst zu versöhnen". 2 Korinther 5,19. Er wirbt mit seiner zärtlichen Liebe um die Herzen seiner irrenden Kinder. Kein irdisches Elternteil könnte so geduldig mit den Fehlern und Irrtümern seiner Kinder sein wie Gott mit denen, die er zu retten sucht. Niemand könnte zärtlicher mit dem Übertreter verhandeln. Keine menschlichen Lippen haben jemals zärtlichere Bitten an den Wanderer gerichtet als Er. Alle seine Verheißungen, alle seine Warnungen sind nur der Hauch einer unsagbaren Liebe.

Wenn Satan kommt, um Ihnen zu sagen, dass Sie ein großer Sünder sind, schauen Sie zu Ihrem Erlöser auf und sprechen Sie von seinen Verdiensten. Das, was dir helfen wird, ist, auf sein Licht zu schauen. Erkennen Sie Ihre Sünde an, aber sagen Sie dem Feind, dass "Christus Jesus in die Welt gekommen ist, um Sünder zu retten", und dass Sie durch seine unvergleichliche Liebe gerettet werden können. 1. Timotheus 1,15. Jesus stellte Simon eine Frage in Bezug auf zwei Schuldner. Der eine schuldete seinem Herrn eine kleine Summe, der andere eine sehr große Summe; aber er vergab beiden, und Christus fragte Simon, welcher Schuldner seinen

Herrn mehr lieben würde. Simon antwortete: "Demjenigen, dem er am meisten vergeben hat." Lukas 7:43. Wir waren große Sünder, aber Christus ist gestorben, damit uns vergeben werden kann. Die Verdienste seines Opfers reichen aus, um sie dem Vater in unserem Namen vorzulegen. Diejenigen, denen er am meisten vergeben hat, werden ihn am meisten lieben und am nächsten an seinem Thron stehen, um ihn für seine große Liebe und sein unendliches Opfer zu preisen. Wenn wir die Liebe Gottes am besten begreifen, erkennen wir auch am besten die Sündhaftigkeit der Sünde. Wenn wir die Länge der Kette sehen, die für uns heruntergelassen wurde, wenn wir etwas von dem unendlichen Opfer verstehen, das Christus für uns gebracht hat, schmilzt unser Herz vor Zärtlichkeit und Reue.

Kapitel 4—Bekenntnis

"Wer seine Sünden verdeckt, dem wird es nicht gelingen; wer sie aber bekennt und vergisst, dem wird Barmherzigkeit zuteil." Sprüche 28:13.

Die Bedingungen, um die Barmherzigkeit Gottes zu erlangen, sind einfach, gerecht und vernünftig. Der Herr verlangt von uns nicht, dass wir etwas Schweres tun, damit wir die Vergebung der Sünden erlangen. Wir brauchen nicht lange und mühsame Pilgerfahrten zu machen oder schmerzhafte Bußübungen zu verrichten, um unsere Seelen dem Gott des Himmels zu empfehlen oder unsere Übertretung zu sühnen; aber wer seine Sünde bekennt und vergibt, wird Barmherzigkeit erlangen.

Der Apostel sagt: "Bekennt einander eure Fehler und betet füreinander, damit ihr geheilt werdet." Jakobus 5:16. Bekennt eure Sünden vor Gott, der sie allein vergeben kann, und eure Fehler voreinander. Wenn ihr euren Freund oder Nachbarn beleidigt habt, sollt ihr euer Unrecht anerkennen, und es ist seine Pflicht, euch freiwillig zu vergeben. Dann sollst du Gott um Vergebung bitten, denn der Bruder, den du verletzt hast, ist das Eigentum Gottes, und indem du ihn verletzt hast, hast du gegen seinen Schöpfer und Erlöser gesündigt. Der Fall wird vor den einzig wahren Vermittler gebracht, unseren großen Hohenpriester, der "in allem versucht wurde wie wir, doch ohne Sünde" und der "mit dem Gefühl unserer Schwachheit berührt wurde" und fähig ist, von jedem Makel der Ungerechtigkeit zu reinigen. Hebräer 4:15.

Diejenigen, die ihre Seele nicht vor Gott gedemütigt haben, indem sie ihre Schuld anerkennen, haben die erste Bedingung der Annahme noch nicht erfüllt. Wenn wir nicht die Reue erfahren haben, die nicht zu bereuen ist, und nicht mit wahrer Demütigung der Seele und Zerrissenheit des Geistes unsere Sünden bekannt und unsere Schuld verabscheut haben, haben wir nie wirklich nach der Vergebung der Sünden gesucht; und wenn wir nie gesucht haben, haben wir nie den Frieden Gottes gefunden. Der einzige Grund, warum wir keine Vergebung der vergangenen Sünden haben, ist, dass wir nicht bereit sind, unser Herz zu demütigen und die Bedingungen des Wortes der Wahrheit zu erfüllen. Diesbezüglich wird eine ausdrückliche Anweisung gegeben. Das Bekenntnis der Sünde, ob öffentlich oder privat, sollte von Herzen kommen und frei ausgesprochen werden. Es soll nicht von dem Sünder erzwungen werden. Es soll nicht leichtfertig und unbedacht erfolgen oder von denen erzwungen werden, die den verabscheuungswürdigen Charakter der Sünde nicht erkennen können. Das Bekenntnis, das ein Ausfluss der tiefsten Seele ist, findet seinen Weg zu dem Gott des unendlichen Erbarmens. Der Psalmist sagt: "Der Herr ist nahe denen, die ein zerbrochenes Herz haben, und hilft denen, die einen zerknirschten Geist haben." Psalm 34:18.

Das wahre Bekenntnis hat immer einen bestimmten Charakter und bekennt bestimmte Sünden. Sie können so beschaffen sein, dass sie nur vor Gott gebracht werden können; sie können Unrecht sein, das einzelnen Personen bekannt werden sollte, die durch sie Schaden erlitten haben; oder sie können öffentlichen Charakter haben und sollten dann ebenso öffentlich bekannt werden. Aber jedes Bekenntnis sollte klar und deutlich sein und genau die Sünden bekennen, derer man sich schuldig gemacht hat.

In den Tagen Samuels hatten sich die Israeliten von Gott entfernt. Sie litten unter den Folgen ihrer Sünde, denn sie hatten ihren Glauben an Gott verloren, ihre Einsicht in seine Macht und Weisheit, das Volk zu regieren, verloren und ihr Vertrauen in seine Fähigkeit, seine Sache zu verteidigen und zu rechtfertigen. Sie wandten sich von dem großen Herrscher des Universums ab und wollten so regiert werden wie die Völker um sie herum. Bevor sie Frieden fanden, legten sie dieses eindeutige Bekenntnis ab: "Wir haben zu all unseren Sünden noch dieses Übel hinzugefügt, dass wir uns einen König gewünscht haben." 1 Samuel 12:19. Gerade die Sünde, derer sie überführt wurden, mussten sie bekennen. Ihre Undankbarkeit bedrückte ihre Seelen und trennte sie von Gott.

Ohne aufrichtige Reue und Reformation ist das Bekenntnis für Gott nicht annehmbar. Es müssen entschiedene Veränderungen im Leben stattfinden; alles, was Gott missfällt, muss abgelegt werden. Dies wird das Ergebnis einer echten Reue über die Sünde sein. Das Werk, das wir unsererseits zu tun haben, wird uns deutlich vor Augen geführt: "Wascht euch, macht euch rein; legt das Böse eurer Taten ab vor meinen Augen; hört auf, Böses zu tun; lernt, Gutes zu tun; sucht Recht, helft den Unterdrückten, richtet die Waisen, setzt euch für die Witwen ein." Jesaja 1:16, 17. "Wenn der Gottlose das Pfand zurückgibt, was er geraubt hat, wenn er in den Gesetzen des Lebens wandelt und keine Ungerechtigkeit begeht, dann wird er leben und nicht sterben." Hesekiel 33:15. Paulus sagt, wenn er vom Werk der Buße spricht: "Ihr habt gottesfürchtig getrauert, welche Sorgfalt hat das in euch geweckt, ja, welche Selbstreinigung, ja, welche Entrüstung, ja, welche Furcht, ja, welches heftige Verlangen, ja, welcher Eifer, ja, welche Rache! In allen Dingen habt ihr euch selbst bestätigt, dass ihr in dieser Sache rein seid." 2 Korinther 7,11.

Wenn die Sünde die moralische Wahrnehmung abgestumpft hat, erkennt der Übeltäter weder die Fehler seines Charakters noch die Ungeheuerlichkeit des Bösen, das er begangen hat; und wenn er sich nicht der überführenden Kraft des Heiligen Geistes hingibt, bleibt er in teilweiser Blindheit gegenüber seiner Sünde. Seine Bekenntnisse sind nicht aufrichtig und ernsthaft. Zu jedem Eingeständnis seiner Schuld fügt er eine Entschuldigung für sein Verhalten hinzu, indem er erklärt, dass er dieses oder jenes, wofür er getadelt wird, nicht getan hätte, wenn es nicht bestimmte Umstände gegeben hätte.

Nachdem Adam und Eva von der verbotenen Frucht gegessen hatten, erfüllte sie ein Gefühl der Scham und des Schreckens. Zunächst dachten sie nur daran, wie sie ihre Sünde entschuldigen und dem gefürchteten Todesurteil entgehen könnten. Als der Herr sie nach ihrer Sünde fragte, antwortete Adam und schob die Schuld teils auf Gott, teils auf seine Gefährtin: "Die Frau, die du mir gegeben hast, um mit mir zu sein, sie gab mir von dem Baum, und ich aß." Die Frau schob die Schuld auf die Schlange und sagte: "Die Schlange hat mich verführt, und ich habe gegessen. Genesis 3:12, 13. Warum hast du die Schlange gemacht? Warum hast du zugelassen, dass sie in den Garten Eden kam? Dies waren die Fragen, die in ihrer Entschuldigung für ihre Sünde enthalten waren, womit sie Gott die Verantwortung für ihren Fall aufbürdete. Der Geist der Selbstrechtfertigung hat seinen Ursprung im Vater der Lüge und wurde von allen Söhnen und Töchtern Adams an den Tag gelegt. Bekenntnisse dieser Art sind nicht vom göttlichen Geist inspiriert und werden von Gott nicht angenommen. Wahre Reue führt den Menschen dazu, seine Schuld selbst zu tragen und sie ohne Täuschung und Heuchelei zu bekennen. Wie der arme Zöllner, der nicht einmal seine Augen zum

Himmel erhebt, wird er rufen: "Gott sei mir Sünder gnädig", und diejenigen, die ihre Schuld anerkennen, werden gerechtfertigt, denn Jesus wird sein Blut für die reuige Seele erflehen.

Die Beispiele in Gottes Wort für echte Reue und Demütigung offenbaren einen Geist des Bekenntnisses, in dem es keine Entschuldigung für die Sünde und keinen Versuch der Selbstrechtfertigung gibt. Paulus versucht nicht, sich selbst zu schützen; er malt seine Sünde in ihrer dunkelsten Farbe und versucht nicht, seine Schuld zu mindern. Er sagt: "Viele der Heiligen habe ich ins Gefängnis geworfen, nachdem ich von den Hohenpriestern Vollmacht erhalten hatte; und als sie hingerichtet wurden, habe ich meine Stimme gegen sie erhoben. Und ich strafte sie oft in allen Synagogen und zwang sie, zu lästern; und da ich sehr wütend auf sie war, verfolgte ich sie bis in fremde Städte." Apostelgeschichte 26:10, 11. Er zögert nicht zu erklären, dass "Christus Jesus in die Welt gekommen ist, um Sünder zu retten, von denen ich der erste bin." 1 Timotheus 1:15.

Das demütige und zerbrochene Herz, das von echter Reue beseelt ist, wird etwas von der Liebe Gottes und dem Preis von Golgatha verstehen; und wie ein Sohn einem liebenden Vater beichtet, so wird der wahrhaftig Bußfertige alle seine Sünden vor Gott bringen. Und es steht geschrieben: "Wenn wir unsere Sünden bekennen, ist er treu und gerecht, dass er uns die Sünden vergibt und uns reinigt von aller Ungerechtigkeit." 1 Johannes 1,9.

Kapitel 5—Weihe

Gottes Verheißung lautet: "Ihr werdet mich suchen und finden, wenn ihr von ganzem Herzen nach mir sucht." Jeremia 29:13.

Das ganze Herz muss Gott übergeben werden, sonst kann die Veränderung, durch die wir wieder in sein Ebenbild verwandelt werden sollen, nie in uns vollzogen werden. Von Natur aus sind wir von Gott entfremdet. Der Heilige Geist beschreibt unseren Zustand mit solchen Worten wie diesen: "Tot in Übertretungen und Sünden"; "das ganze Haupt ist krank, und das ganze Herz ist matt"; "es ist nicht gesund." Wir sind in der Schlinge des Satans gefangen, "von ihm nach seinem Willen gefangen genommen". Epheser 2:1; Jesaja 1:5, 6; 2. Timotheus 2:26. Gott möchte uns heilen, uns befreien. Da dies aber eine völlige Umgestaltung, eine Erneuerung unseres ganzen Wesens erfordert, müssen wir uns ihm ganz und gar hingeben.

Der Kampf gegen sich selbst ist die größte Schlacht, die je geschlagen wurde. Sich selbst aufzugeben, alles dem Willen Gottes zu überlassen, erfordert einen Kampf; aber die Seele muss sich Gott unterwerfen, bevor sie in der Heiligkeit erneuert werden kann.

Die Regierung Gottes beruht nicht, wie Satan es glauben machen will, auf einer blinden Unterwerfung, einer unvernünftigen Kontrolle. Sie appelliert an den Intellekt und das Gewissen. "Kommt her und lasst uns miteinander reden", lautet die Einladung des Schöpfers an die von ihm geschaffenen Wesen. Jesaja 1,18. Gott zwingt den Willen seiner Geschöpfe nicht. Er kann keine Huldigung annehmen, die nicht willentlich und mit Verstand gegeben wird. Eine bloße erzwungene Unterwerfung würde jede echte Entwicklung des Geistes oder des Charakters verhindern; sie würde den Menschen zu einem bloßen Automaten machen. Das ist nicht die Absicht des Schöpfers. Er will, dass der Mensch, das krönende Werk seiner Schöpferkraft, die höchstmögliche Entwicklung erreicht. Er stellt uns die Höhe des Segens vor Augen, zu der er uns durch seine Gnade bringen will. Er lädt uns ein, uns ihm hinzugeben, damit er seinen Willen in uns wirken kann. Es bleibt uns überlassen, zu wählen, ob wir von der Knechtschaft der Sünde befreit werden wollen, um an der herrlichen Freiheit der Söhne Gottes teilzuhaben.

Wenn wir uns Gott hingeben, müssen wir notwendigerweise alles aufgeben, was uns von ihm trennen würde. Deshalb sagt der Heiland: "Wer unter euch ist, der nicht alles aufgibt, was er hat, der kann nicht mein Jünger sein." Lukas 14,33. Alles, was das Herz von Gott wegziehen kann, muss aufgegeben werden. Der Mammon ist das Götzenbild vieler. Die Liebe zum Geld, der Wunsch nach Reichtum, ist die goldene Kette, die sie an Satan bindet. Ansehen und weltliche Ehre werden von einer anderen Klasse angebetet. Das Leben in egoistischer Bequemlichkeit und Freiheit von Verantwortung ist das Idol anderer. Aber diese sklavischen Bande müssen zerrissen werden. Wir können nicht halb dem Herrn und halb der Welt gehören. Wir sind nicht Gottes Kinder, wenn wir es nicht ganz sind.

Es gibt Menschen, die behaupten, Gott zu dienen, während sie sich auf ihre eigenen Bemühungen verlassen, sein Gesetz zu befolgen, einen rechten Charakter zu bilden und das Heil zu erlangen. Ihre Herzen werden nicht von einem tiefen Gefühl der Liebe Christi bewegt, sondern sie versuchen, die Pflichten des christlichen Lebens so zu erfüllen, wie es Gott von ihnen verlangt, um den Himmel zu erlangen. Eine solche Religion ist nichts wert. Wenn Christus im Herzen wohnt, wird die Seele so sehr von seiner Liebe, von der Freude an der Gemeinschaft mit ihm erfüllt sein, dass sie sich an ihn klammert; und in der Betrachtung von ihm wird man sich selbst vergessen. Die Liebe zu Christus wird die Quelle des Handelns sein. Wer die zwingende Liebe Gottes spürt, fragt nicht, wie wenig gegeben werden kann, um den Anforderungen Gottes zu genügen; er fragt nicht nach dem niedrigsten Standard, sondern strebt nach vollkommener Übereinstimmung mit dem Willen seines Erlösers. Mit ernsthaftem Verlangen geben sie alles und bekunden ein Interesse, das dem Wert des Gegenstandes, den sie suchen, entspricht. Ein Bekenntnis zu Christus ohne diese tiefe Liebe ist bloßes Gerede, trockene Formalität und schwere Plackerei.

Haben Sie das Gefühl, dass es ein zu großes Opfer ist, Christus alles zu geben? Stellen Sie sich die Frage: "Was hat Christus für mich gegeben?" Der Sohn Gottes hat alles gegeben - Leben, Liebe und Leiden -, um uns zu erlösen. Kann es sein, dass wir, die unwürdigen Objekte einer so großen Liebe, ihm unser Herz vorenthalten? In jedem Augenblick unseres Lebens haben wir an den Segnungen seiner Gnade teilgehabt, und gerade deshalb können wir die Abgründe der Unwissenheit und des Elends, aus denen wir gerettet wurden, nicht voll erfassen. Können wir auf Ihn blicken, den unsere Sünden durchbohrt haben, und dennoch bereit sein, all seiner Liebe und seinem Opfer zu trotzen? Sollen wir angesichts der unendlichen Erniedrigung des Herrn der Herrlichkeit murren, weil wir nur durch Kampf und Selbsterniedrigung ins Leben gelangen können?

Viele stolze Herzen fragen sich: "Warum muss ich Buße tun und mich erniedrigen, bevor ich die Gewissheit habe, von Gott angenommen zu sein?" Ich verweise euch auf Christus. Er war ohne Sünde, und mehr noch, er war der Fürst des Himmels; aber stellvertretend für den Menschen wurde er zur Sünde für das Geschlecht. "Er wurde den Übeltätern gleichgestellt und hat die Sünde vieler getragen und für die Übeltäter Fürbitte geleistet. Jesaja 53:12.

Aber was geben wir auf, wenn wir alles geben? Ein von der Sünde verunreinigtes Herz, damit Jesus es reinigt, durch sein eigenes Blut reinigt und durch seine unvergleichliche Liebe rettet. Und doch halten die Menschen es für schwer, alles aufzugeben! Ich schäme mich, davon zu sprechen, ich schäme mich, es zu schreiben.

Gott verlangt von uns nicht, dass wir etwas aufgeben, das wir in unserem besten Interesse behalten sollten. Bei allem, was er tut, hat er das Wohl seiner Kinder im Blick. Ich wünschte, alle, die sich nicht für Christus entschieden haben, würden erkennen, dass er ihnen etwas weitaus Besseres zu bieten hat, als sie für sich selbst suchen. Der Mensch fügt seiner eigenen Seele die größte Verletzung und Ungerechtigkeit zu, wenn er gegen den Willen Gottes denkt und handelt. Es gibt keine wahre Freude auf dem Weg, den derjenige verbietet, der weiß, was das Beste ist, und der das Gute für seine Geschöpfe plant. Der Weg der Übertretung ist der Weg des Elends und der Zerstörung.

Es ist ein Irrtum, den Gedanken zu hegen, dass es Gott gefällt, seine Kinder leiden zu sehen. Der ganze Himmel ist an dem Glück des Menschen interessiert. Unser himmlischer

Vater verschließt keinem seiner Geschöpfe die Wege der Freude. Die göttlichen Erfordernisse rufen uns dazu auf, jene Ablässe zu meiden, die Leiden und Enttäuschungen mit sich bringen, die uns die Tür zum Glück und zum Himmel verschließen würden. Der Erlöser der Welt nimmt die Menschen an, wie sie sind, mit all ihren Bedürfnissen, Unvollkommenheiten und Schwächen; und er wird nicht nur von der Sünde reinigen und Erlösung durch sein Blut gewähren, sondern auch die Sehnsucht des Herzens all derer stillen, die bereit sind, sein Joch zu tragen, seine Last zu tragen. Es ist seine Absicht, allen, die zu ihm kommen, um das Brot des Lebens zu bekommen, Frieden und Ruhe zu schenken. Er verlangt von uns nur die Pflichten, die unsere Schritte zu den Höhen der Glückseligkeit führen, zu denen die Ungehorsamen niemals gelangen können. Das wahre, freudige Leben der Seele besteht darin, Christus in sich zu haben, die Hoffnung der Herrlichkeit.

Viele fragen sich: "Wie kann ich mich Gott hingeben?" Sie wollen sich ihm hingeben, aber sie sind schwach in ihrer moralischen Kraft, versklavt von Zweifeln und beherrscht von den Gewohnheiten ihres sündigen Lebens. Deine Versprechen und Vorsätze sind wie Sandkörner. Sie können Ihre Gedanken, Ihre Impulse und Ihre Zuneigung nicht kontrollieren. Das Wissen um Ihre gebrochenen Versprechen und verfallenen Zusagen schwächt Ihr Vertrauen in Ihre eigene Aufrichtigkeit und gibt Ihnen das Gefühl, dass Gott Sie nicht annehmen kann; aber Sie brauchen nicht zu verzweifeln. Was Sie verstehen müssen, ist die wahre Kraft des Willens. Das ist die bestimmende Kraft in der Natur des Menschen, die Kraft der Entscheidung oder der Wahl. Alles hängt von der richtigen Handlung des Willens ab. Die Macht der Wahl hat Gott den Menschen gegeben; es liegt an ihnen, sie auszuüben. Man kann sein Herz nicht ändern, man kann Gott nicht von sich aus seine Zuneigung schenken; aber man kann sich entscheiden, ihm zu dienen. Du kannst ihm deinen Willen geben; er wird dann in dir wirken, zu wollen und zu tun, was ihm gefällt. Auf diese Weise wird dein ganzes Wesen unter die Kontrolle des Geistes Christi gebracht; deine Zuneigung wird sich auf Ihn konzentrieren, deine Gedanken werden in Harmonie mit Ihm sein.

Der Wunsch nach Güte und Heiligkeit ist soweit richtig, aber wenn man hier aufhört, nützt er nichts. Viele werden verloren sein, obwohl sie hoffen und wünschen, Christen zu sein. Sie kommen nicht zu dem Punkt, an dem sie ihren Willen Gott überlassen. Sie entscheiden sich jetzt nicht dafür, Christen zu sein.

Durch die richtige Ausübung des Willens kann Ihr Leben völlig verändert werden. Indem du deinen Willen Christus überlässt, verbündest du dich mit der Macht, die über allen Mächten und Gewalten steht. Sie werden die Kraft von oben haben, die Sie festhält, und so werden Sie durch ständige Hingabe an Gott befähigt, das neue Leben zu leben, sogar das Leben des Glaubens.

Kapitel 6—Glauben und Akzeptanz

Da Ihr Gewissen durch den Heiligen Geist erweckt wurde, haben Sie etwas von dem Bösen der Sünde gesehen, von ihrer Macht, ihrer Schuld, ihrem Elend, und Sie sehen sie mit Abscheu an. Sie spüren, dass die Sünde Sie von Gott getrennt hat, dass Sie der Macht des Bösen unterworfen sind. Je mehr Sie sich bemühen, ihr zu entkommen, desto mehr erkennen Sie Ihre Hilflosigkeit. Ihre Motive sind unrein, Ihr Herz ist unrein. Du siehst, dass dein Leben von Egoismus und Sünde erfüllt ist. Du sehnst dich danach, dass dir vergeben wird, dass du gereinigt wirst, dass du befreit wirst. Harmonie mit Gott, Ähnlichkeit mit ihm - was können Sie tun, um das zu erreichen?

Es ist der Friede, den ihr braucht - die Vergebung des Himmels und den Frieden und die Liebe in der Seele. Geld kann ihn nicht kaufen, der Verstand kann ihn nicht beschaffen, die Weisheit kann ihn nicht erreichen; du kannst niemals hoffen, ihn durch deine eigenen Anstrengungen zu erlangen. Aber Gott bietet es Ihnen als Geschenk an, "ohne Geld und ohne Preis". Jesaja 55,1. Sie gehört dir, wenn du nur deine Hand ausstreckst und sie ergreifst. Der Herr sagt: "Wenn eure Sünden auch scharlachrot sind, so werden sie doch weiß wie Schnee; wenn sie auch rot sind wie Scharlach, so werden sie doch wie Wolle sein." Jesaja 1,18. "Und ich will euch ein neues Herz geben und einen neuen Geist in euch legen. Hesekiel 36,26.

Du hast deine Sünden gebeichtet und sie im Herzen abgelegt. Du hast dich entschlossen, dich Gott hinzugeben. Gehen Sie nun zu ihm und bitten Sie ihn, dass er Ihre Sünden abwäscht und Ihnen ein neues Herz schenkt. Dann glauben Sie, dass er dies tut, weil er es versprochen hat. Das ist die Lektion, die Jesus gelehrt hat, als er auf der Erde war: Wir müssen glauben, dass wir die Gabe, die Gott uns verheißt, auch erhalten, und dass sie uns gehört. Jesus heilte die Menschen von ihren Krankheiten, wenn sie an seine Macht glaubten; er half ihnen in den Dingen, die sie sehen konnten, und erweckte so ihr Vertrauen in ihn in Bezug auf Dinge, die sie nicht sehen konnten - was sie dazu brachte, an seine Macht, Sünden zu vergeben, zu glauben. Das hat er bei der Heilung des Gichtbrüchigen deutlich gesagt: "Damit ihr wisst, dass des Menschen Sohn Macht hat auf Erden, Sünden zu vergeben, spricht er zu dem Gelähmten: Steh auf, nimm dein Bett und geh in dein Haus." Matthäus 9,6. So sagt auch der Evangelist Johannes, wenn er von den Wundern Christi spricht: "Diese sind geschrieben, damit ihr glaubt, dass Jesus der Christus ist, der Sohn Gottes, und damit ihr, wenn ihr glaubt, das Leben habt durch seinen Namen." Johannes 20:31.

Aus dem einfachen biblischen Bericht darüber, wie Jesus die Kranken heilte, können wir etwas darüber lernen, wie wir an ihn glauben können, um die Vergebung der Sünden zu erlangen. Schauen wir uns die Geschichte des Gelähmten in Bethesda an. Der arme Kranke war hilflos; er hatte seine Gliedmaßen seit achtunddreißig Jahren nicht mehr benutzt. Doch Jesus befahl ihm: "Steh auf, nimm dein Bett und geh". Der Kranke hätte sagen können: "Herr, wenn Du mich gesund machen willst, will ich Deinem Wort gehorchen." Aber nein, er glaubte dem Wort Christi, er glaubte, dass er geheilt war, und er machte sich sofort an die Arbeit; er wollte gehen, und er ging auch. Er handelte nach dem Wort Christi, und Gott gab ihm die Kraft. Er wurde gesund gemacht.

In gleicher Weise sind Sie ein Sünder. Sie können Ihre vergangenen Sünden nicht sühnen; Sie können Ihr Herz nicht ändern und sich selbst heilig machen. Aber Gott verspricht, all das durch Christus für Sie zu tun. Sie glauben an diese Verheißung. Sie bekennen Ihre Sünden und geben sich Gott hin. Sie sind bereit, ihm zu dienen. Genauso sicher, wie Sie das tun, wird Gott sein Wort an Sie erfüllen. Wenn Sie der Verheißung glauben - glauben Sie, dass Ihnen vergeben und Sie gereinigt sind -, dann sorgt Gott dafür, dass Sie gesund werden, so wie Christus dem Gelähmten die Kraft gab, zu gehen, als der Mann glaubte, dass er geheilt war. Es ist so, wenn du es glaubst.

Warten Sie nicht darauf, dass Sie spüren, dass Sie geheilt sind, sondern sagen Sie: "Ich glaube es; es ist so, nicht weil ich es fühle, sondern weil Gott es versprochen hat."

Jesus sagt: "Wenn ihr betet, was ihr euch wünscht, glaubt, dass ihr es bekommt, und ihr werdet es bekommen." Markus 11,24. Diese Verheißung ist an eine Bedingung geknüpft: dass wir nach dem Willen Gottes beten. Es ist aber der Wille Gottes, uns von Sünden zu reinigen, uns zu seinen Kindern zu machen und uns zu einem heiligen Leben zu befähigen. Wir können also um diese Segnungen bitten und glauben, dass wir sie erhalten, und Gott danken, dass wir sie erhalten haben. Es ist unser Vorrecht, zu Jesus zu gehen und gereinigt zu werden, und ohne Scham und Reue vor dem Gesetz zu stehen. "So gibt es nun keine Verdammnis für die, die in Christus Jesus sind, die nicht nach dem Fleisch wandeln, sondern nach dem Geist." Römer 8:1.

Von nun an seid ihr nicht mehr euer eigen; ihr seid um einen Preis erkauft. "Ihr seid nicht mit vergänglichen Dingen wie Silber und Gold erkauft worden, ... sondern mit dem kostbaren Blut Christi, wie von einem Lamm ohne Fehl und Tadel." 1 Petrus 1:18, 19. Durch diesen einfachen Akt des Glaubens an Gott hat der Heilige Geist ein neues Leben in Ihrem Herzen gezeugt. Sie sind wie ein Kind in die Familie Gottes hineingeboren, und er liebt Sie, wie er seinen Sohn liebt.

Jetzt, wo du dich Jesus hingegeben hast, ziehe dich nicht zurück, entferne dich nicht von ihm, sondern sage Tag für Tag: "Ich gehöre Christus; ich habe mich ihm hingegeben", und bitte ihn, dir seinen Geist zu geben und dich durch seine Gnade zu bewahren. Indem du dich Gott übergibst und ihm glaubst, wirst du sein Kind, und so sollst du in ihm leben. Der Apostel sagt: "Wie ihr nun Christus Jesus, den Herrn, angenommen habt, so wandelt auch in ihm." Kolosser 2:6.

Einige scheinen zu glauben, dass sie sich auf Bewährung befinden und dem Herrn beweisen müssen, dass sie reformiert sind, bevor sie seinen Segen beanspruchen können. Aber sie können den Segen Gottes schon jetzt beanspruchen. Sie brauchen seine Gnade, den Geist Christi, der ihnen in ihren Schwächen hilft, sonst können sie dem Bösen nicht widerstehen. Jesus liebt es, wenn wir zu ihm kommen, so wie wir sind: sündig, hilflos, abhängig. Wir dürfen mit all unserer Schwäche, unserer Torheit, unserer Sündhaftigkeit kommen und in Reue zu seinen Füßen fallen. Es ist seine Herrlichkeit, uns mit den Armen seiner Liebe zu umfangen und unsere Wunden zu verbinden, uns von aller Unreinheit zu reinigen.

Hier scheitern Tausende: Sie glauben nicht, dass Jesus ihnen persönlich, individuell verzeiht. Sie nehmen Gott nicht bei seinem Wort. Es ist das Vorrecht aller, die die Bedingungen erfüllen, selbst zu wissen, dass jede Sünde aus freien Stücken begnadigt wird. Legen Sie den Verdacht ab, dass die Verheißungen Gottes nicht für Sie bestimmt sind. Sie sind für jeden reuigen Sünder bestimmt. Kraft und Gnade sind durch Christus bereitgestellt worden, um von dienenden Engeln zu jeder gläubigen Seele gebracht zu werden. Niemand ist so sündig, dass er nicht in Jesus, der für ihn gestorben ist, Kraft, Reinheit und Gerechtigkeit finden kann. Er wartet darauf, ihnen ihre von der Sünde befleckten und beschmutzten Kleider auszuziehen und ihnen die weißen Gewänder der Gerechtigkeit anzuziehen; er befiehlt ihnen zu leben und nicht zu sterben.

Gott geht mit uns nicht so um, wie endliche Menschen miteinander umgehen. Seine Gedanken sind Gedanken der Barmherzigkeit, der Liebe und des zärtlichen Mitgefühls. Er sagt: "Der Gottlose verlasse seinen Weg und der Ungerechte seine Gedanken und kehre um zum Herrn, so wird er sich seiner erbarmen, und zu unserem Gott, denn er wird reichlich verzeihen." "Ich habe deine Übertretungen ausgelöscht wie eine dicke Wolke und deine Sünden wie eine Wolke." Jesaja 55:7; 44:22.

"Ich habe kein Gefallen am Tod des Sterbenden, spricht Gott der Herr; darum wendet euch und lebt." Hesekiel 18:32. Satan ist bereit, die gesegneten Zusicherungen Gottes zu rauben. Er will der Seele jeden Hoffnungsschimmer und jeden Lichtstrahl nehmen; aber das dürft ihr ihm nicht erlauben. Hören Sie nicht auf den Versucher, sondern sagen Sie: "Jesus ist gestorben, damit ich lebe. Er liebt mich und will nicht, dass ich zugrunde gehe. Ich habe einen barmherzigen himmlischen Vater; und obwohl ich seine Liebe missbraucht habe, obwohl die Segnungen, die er mir gegeben hat, vergeudet wurden, will ich aufstehen und zu meinem Vater gehen und sagen: Ich habe gegen den Himmel und vor Dir gesündigt und bin nicht mehr würdig, Dein Sohn genannt zu werden; mach mich zu einem Deiner gedungenen Knechte." Das Gleichnis erzählt, wie der Wanderer aufgenommen wird: "Und als er noch weit weg war, sah ihn sein Vater und hatte Mitleid und lief hin und fiel ihm um den Hals und küsste ihn." Lukas 15:18-20.

Aber selbst dieses Gleichnis, so zart und rührend es auch ist, reicht nicht aus, um das unendliche Erbarmen des himmlischen Vaters zum Ausdruck zu bringen. Der Herr lässt durch seinen Propheten verkünden: "Ich habe dich mit ewiger Liebe geliebt; darum habe ich dich mit großer Güte gezeichnet." Jeremia 31,3. Während der Sünder noch fern vom Haus des Vaters ist und sein Vermögen in einem fremden Land vergeudet, sehnt sich das Herz des Vaters nach ihm; und jede Sehnsucht, die in der Seele geweckt wird, um zu Gott zurückzukehren, ist nichts anderes als das zärtliche Flehen seines Geistes, der um den Wanderer wirbt, ihn bittet und ihn an das Herz der Liebe seines Vaters zieht.

Können Sie angesichts der reichen Verheißungen der Bibel Zweifel hegen? Kannst du glauben, dass der Herr den armen Sünder, der sich danach sehnt, umzukehren, der sich danach sehnt, seine Sünden zu verlassen, streng davon abhält, zu seinen Füßen zu kommen und Buße zu tun? Weg mit solchen Gedanken! Nichts kann der eigenen Seele mehr schaden, als eine solche Vorstellung von unserem himmlischen Vater zu haben. Er hasst die Sünde, aber er liebt den Sünder, und er hat sich selbst in der Person Christi hingegeben, damit alle, die es wollen, gerettet werden und ewige Seligkeit im Reich der Herrlichkeit haben. Welche stärkere oder zärtlichere Sprache hätte er wählen können, um seine Liebe zu uns auszudrücken?

Er erklärt: "Kann eine Frau ihres Säuglings vergessen, dass sie sich nicht erbarmt über den Sohn ihres Leibes? Ja, sie mögen vergessen, aber ich werde dich nicht vergessen. Jesaja 49:15.

Seht auf, die ihr zweifelt und zittert; denn Jesus lebt, um für uns einzutreten. Dankt Gott für das Geschenk seines lieben Sohnes und betet, dass er nicht vergeblich für euch gestorben ist. Der Geist lädt dich heute ein. Kommen Sie mit ganzem Herzen zu Jesus, und Sie können seinen Segen in Anspruch nehmen.

Wenn Sie die Verheißungen lesen, denken Sie daran, dass sie Ausdruck einer unsagbaren Liebe und eines unsagbaren Mitleids sind. Das große Herz der unendlichen Liebe ist dem Sünder mit grenzenlosem Erbarmen zugewandt. "Wir haben die Erlösung durch sein Blut, die Vergebung der Sünden". Epheser 1,7. Ja, glauben Sie nur, dass Gott Ihr Helfer ist. Er will sein moralisches Bild im Menschen wiederherstellen. Wenn Sie sich ihm mit Bekenntnis und Reue nähern, wird er sich Ihnen mit Barmherzigkeit und Vergebung nähern.

Kapitel 7—Die Prüfung der Jüngerschaft

"Ist jemand in Christus, so ist er eine neue Kreatur; das Alte ist vergangen, siehe, es ist alles neu geworden." 2 Korinther 5,17.

Ein Mensch mag nicht in der Lage sein, die genaue Zeit oder den Ort zu nennen oder die ganze Kette der Umstände im Prozess der Bekehrung nachzuvollziehen; aber das beweist nicht, dass er unbekehrt ist. Christus sagte zu Nikodemus: "Der Wind weht, wo er will, und du hörst sein Sausen, aber du kannst nicht sagen, woher er kommt und wohin er geht; so ist jeder, der aus dem Geist geboren ist." Johannes 3,8. Wie der Wind, der unsichtbar ist, dessen Wirkungen aber deutlich zu sehen und zu spüren sind, so ist der Geist Gottes in seinem Wirken auf das menschliche Herz. Diese regenerierende Kraft, die kein menschliches Auge sehen kann, bringt ein neues Leben in der Seele hervor; sie schafft ein neues Wesen nach dem Bilde Gottes. Während das Werk des Geistes still und unmerklich ist, sind seine Wirkungen offensichtlich. Wenn das Herz durch den Geist Gottes erneuert worden ist, wird das Leben davon Zeugnis ablegen. Obwohl wir nichts tun können, um unser Herz zu verändern oder uns mit Gott in Einklang zu bringen, obwohl wir uns überhaupt nicht auf uns selbst oder unsere guten Werke verlassen dürfen, wird unser Leben zeigen, ob die Gnade Gottes in uns wohnt. Man wird eine Veränderung des Charakters, der Gewohnheiten und des Strebens erkennen. Der Kontrast zwischen dem, was sie waren, und dem, was sie sind, wird klar und entschieden sein. Der Charakter wird offenbart, nicht durch gelegentliche gute

Taten und gelegentliche Missetaten, sondern durch die Tendenz der gewohnheitsmäßigen Worte und Taten.

Es ist wahr, dass es eine äußere Korrektheit des Verhaltens ohne die erneuernde Kraft Christi geben kann. Die Liebe zum Einfluss und der Wunsch nach der Wertschätzung durch andere können ein geordnetes Leben hervorbringen. Die Selbstachtung kann uns dazu bringen, den Anschein des Bösen zu vermeiden. Ein selbstsüchtiges Herz kann großzügige Taten vollbringen. Mit welchen Mitteln sollen wir also feststellen, auf wessen Seite wir stehen?

Wer hat das Herz? Mit wem sind unsere Gedanken verbunden? Mit wem unterhalten wir uns gerne? Wer hat unsere wärmste Zuneigung und unsere beste Energie? Wenn wir zu Christus gehören, sind unsere Gedanken bei ihm, und unsere schönsten Gedanken sind von ihm. Alles, was wir haben und sind, ist ihm geweiht. Wir sehnen uns danach, sein Bild zu tragen, seinen Geist zu atmen, seinen Willen zu tun und ihm in allen Dingen zu gefallen.

Diejenigen, die zu neuen Geschöpfen in Christus Jesus werden, werden die Früchte des Geistes hervorbringen: "Liebe, Freude, Friede, Langmut, Sanftmut, Güte, Glaube, Sanftmut, Mäßigung". Galater 5:22, 23. Sie werden sich nicht mehr nach den früheren Begierden gestalten, sondern durch den Glauben an den Sohn Gottes in seine Fußstapfen treten, seinen Charakter widerspiegeln und sich reinigen, wie er rein ist. Was sie einst gehasst haben, lieben sie jetzt, und was sie einst geliebt haben, hassen sie. Die Stolzen und Selbstherrlichen werden sanftmütig und von Herzen demütig. Die Eitlen und Hochmütigen werden ernst und unaufdringlich. Die Trunkenen werden nüchtern und die Wüstlinge rein. Die eitlen Sitten und Moden der Welt werden abgelegt. Die

Christen werden nicht den "äußeren Schmuck" suchen, sondern "den verborgenen Menschen des Herzens in dem, was nicht verderblich ist, nämlich den Schmuck eines sanften und stillen Geistes." 1 Petrus 3:3, 4.

Es gibt keinen Beweis für echte Reue, wenn sie keine Besserung bewirkt. Wenn er das Pfand zurückgibt, das er geraubt hat, seine Sünden bekennt und Gott und seine Mitmenschen liebt, kann der Sünder sicher sein, dass er vom Tod zum Leben gekommen ist.

Wenn wir als irrende, sündige Wesen zu Christus kommen und seiner verzeihenden Gnade teilhaftig werden, entsteht Liebe im Herzen. Jede Last wird leicht, denn das Joch, das Christus auferlegt, ist leicht. Die Pflicht wird zur Freude und das Opfer zum Vergnügen. Der Weg, der vorher in Dunkelheit gehüllt schien, wird hell durch die Strahlen der Sonne der Gerechtigkeit.

Die Liebenswürdigkeit des Charakters von Christus wird sich in seinen Nachfolgern zeigen. Es war seine Freude, den Willen Gottes zu tun. Die Liebe zu Gott, der Eifer für seine Herrlichkeit, war die beherrschende Kraft im Leben unseres Erlösers. Die Liebe verschönerte und veredelte alle seine Handlungen. Die Liebe ist von Gott. Das ungeweihte Herz kann sie weder hervorbringen noch erzeugen. Sie ist nur in dem Herzen zu finden, in dem Jesus regiert. "Wir lieben, weil er uns zuerst geliebt hat." 1 Johannes 4,19, R.V. In dem durch die göttliche Gnade erneuerten Herzen ist die Liebe das Prinzip des Handelns. Sie formt den Charakter, lenkt die Triebe, kontrolliert die Leidenschaften, zähmt die Feindschaft und veredelt die Gefühle. Diese Liebe, die in der Seele gepflegt wird, versüßt das Leben und übt einen läuternden Einfluss auf die ganze Umgebung aus.

Es gibt zwei Irrtümer, vor denen sich die Kinder Gottes - vor allem diejenigen, die gerade erst in seine Gnade vertrauen - besonders hüten müssen. Der erste, auf den wir bereits eingegangen sind, ist der, dass sie auf ihre eigenen Werke schauen und darauf vertrauen, dass alles, was sie tun können, sie in Einklang mit Gott bringt. Wer versucht, durch seine eigenen Werke heilig zu werden, indem er das Gesetz hält, versucht ein Ding der Unmöglichkeit. Alles, was der Mensch ohne Christus tun kann, ist mit Selbstsucht und Sünde verunreinigt. Es ist allein die Gnade Christi, die uns durch den Glauben heilig machen kann.

Der gegenteilige und nicht minder gefährliche Irrtum besteht darin, dass der Glaube an Christus den Menschen davon entbindet, das Gesetz Gottes zu halten; dass, da wir allein durch den Glauben der Gnade Christi teilhaftig werden, unsere Werke nichts mit unserer Erlösung zu tun haben.

Man beachte aber, dass der Gehorsam nicht nur eine äußerliche Befolgung ist, sondern der Dienst der Liebe. Das Gesetz Gottes ist ein Ausdruck seines Wesens; es ist eine Verkörperung des großen Prinzips der Liebe und daher die Grundlage seiner Regierung im Himmel und auf Erden. Wenn unsere Herzen nach dem Ebenbild Gottes erneuert werden, wenn die göttliche Liebe in die Seele eingepflanzt wird, wird dann nicht auch das Gesetz Gottes im Leben verwirklicht werden? Wenn das Prinzip der Liebe in das Herz eingepflanzt wird, wenn der Mensch nach dem Bild dessen erneuert wird, der ihn geschaffen hat, dann erfüllt sich die Verheißung des Neuen Bundes: "Ich will meine Gesetze in ihr Herz geben und in ihren Sinn schreiben". Hebräer 10:16. Und wenn das Gesetz in das Herz geschrieben ist, wird es dann nicht auch das Leben prägen? Gehorsam - der Dienst und die Treue der Liebe - ist das wahre Zeichen der Nachfolge. So sagt die Heilige Schrift: "Das ist die Liebe Gottes, dass wir seine Gebote halten." "Wer da sagt: Ich kenne ihn, und hält seine Gebote nicht, der ist ein Lügner, und die Wahrheit ist nicht in ihm. 1 Johannes 5,3; 2,4. Es ist nicht der Glaube, der den Menschen vom Gehorsam befreit, sondern der Glaube, und nur der Glaube, der uns der Gnade Christi teilhaftig macht, die uns befähigt, Gehorsam zu leisten.

Wir verdienen uns das Heil nicht durch unseren Gehorsam; denn das Heil ist eine freie Gabe Gottes, die wir durch den Glauben empfangen. Aber der Gehorsam ist die Frucht des Glaubens. "Ihr wisst, dass er offenbart worden ist, um unsere Sünden wegzunehmen, und dass in ihm keine Sünde ist. Wer in ihm bleibt, der sündigt nicht; wer aber sündigt, der hat ihn nicht gesehen und nicht erkannt." 1 Johannes 3:5, 6. Das ist der wahre Test. Wenn wir in Christus bleiben, wenn die Liebe Gottes in uns wohnt, werden unsere Gefühle, unsere Gedanken, unsere Absichten und unsere Handlungen mit dem Willen Gottes übereinstimmen, wie er in den Geboten seines heiligen Gesetzes zum Ausdruck kommt. "Ihr Kinder, lasst euch von niemandem täuschen; wer die Gerechtigkeit tut, der ist gerecht, gleichwie er gerecht ist." 1 Johannes 3:7. Gerechtigkeit wird durch den Maßstab von Gottes heiligem Gesetz definiert, wie es in den zehn am Sinai gegebenen Geboten zum Ausdruck kommt.

Der sogenannte Glaube an Christus, der den Menschen von der Pflicht des Gehorsams gegenüber Gott befreien soll, ist kein Glaube, sondern Anmaßung. "Aus Gnade seid ihr gerettet durch den Glauben." Aber "der Glaube, wenn er nicht Werke hat, ist tot". Epheser 2:8; Jakobus 2:17. Jesus sagte von sich selbst, bevor er auf die Erde kam: "Ich habe Lust, deinen Willen zu tun, o mein Gott; ja, dein Gesetz ist in meinem Herzen." Psalm 40,8. Und kurz bevor er wieder in den Himmel auffuhr, erklärte er: "Ich habe die Gebote meines Vaters gehalten und bleibe in seiner Liebe." Johannes 15:10. Die Schrift sagt: "Daran erkennen wir, dass wir ihn kennen, wenn wir seine Gebote halten.... Wer sagt, er bleibe in ihm, der soll auch so wandeln, wie er gewandelt ist." 1 Johannes 2,3-6. "Denn auch Christus hat für uns gelitten und uns ein Beispiel hinterlassen, damit ihr seinen Schritten nachfolgt." 1 Petrus 2,21.

Die Bedingung für das ewige Leben ist jetzt genau das, was sie immer war, genau das, was sie im Paradies vor dem Sündenfall unserer ersten Eltern war, nämlich vollkommener Gehorsam gegenüber dem Gesetz Gottes, vollkommene Gerechtigkeit. Würde das ewige Leben unter einer geringeren Bedingung gewährt, wäre das Glück des gesamten Universums gefährdet. Der Weg wäre frei für die Unsterblichkeit der Sünde mit all ihrem Leid und Elend.

Vor dem Sündenfall war es für Adam möglich, durch Gehorsam gegenüber dem Gesetz Gottes einen gerechten Charakter zu entwickeln. Aber er hat es nicht getan, und wegen seiner Sünde ist unsere Natur gefallen, und wir können uns nicht selbst rechtschaffen machen. Da wir sündig und unheilig sind, können wir dem heiligen Gesetz nicht vollkommen gehorchen. Wir haben keine eigene Gerechtigkeit, mit der wir den Ansprüchen des Gesetzes Gottes gerecht werden könnten. Aber Christus hat für uns einen Ausweg geschaffen. Er lebte auf der Erde inmitten von Prüfungen und Versuchungen, wie wir sie auch zu bestehen haben. Er lebte ein sündloses Leben. Er starb für uns, und jetzt bietet er uns an, unsere Sünden zu nehmen und uns seine Gerechtigkeit zu geben. Wenn Sie sich Ihm hingeben und Ihn als Ihren Retter annehmen, dann werden Sie, so sündig Ihr Leben auch gewesen sein mag, um Seinetwillen für gerecht erklärt. Der Charakter Christi tritt an die Stelle Ihres Charakters, und Sie werden vor Gott so angenommen, als ob Sie nicht gesündigt hätten.

Mehr noch: Christus verändert das Herz. Er wohnt durch den Glauben in Ihrem Herzen. Du sollst diese Verbindung mit Christus durch den Glauben und die ständige Übergabe deines Willens an ihn aufrechterhalten; und solange du das tust, wird er in dir wirken, zu wollen und zu tun nach seinem Wohlgefallen. So könnt ihr sagen: "Das Leben, das ich jetzt im Fleisch lebe, lebe ich durch den Glauben an den Sohn Gottes, der mich geliebt und sich selbst für mich hingegeben hat." Galater 2:20. So sagte Jesus zu seinen Jüngern: "Nicht ihr seid es, die reden, sondern der Geist eures Vaters, der in euch redet." Matthäus 10,20. Wenn also Christus in Ihnen wirkt, werden Sie denselben Geist offenbaren und dieselben guten Werke tun - Werke der Gerechtigkeit, des Gehorsams.

Wir haben also nichts in uns, dessen wir uns rühmen könnten. Wir haben keinen Grund zur Selbstüberhebung. Unser einziger Grund zur Hoffnung liegt in der Gerechtigkeit Christi, die uns zugerechnet wird, und in der Gerechtigkeit, die durch seinen Geist in und durch uns wirkt.

Wenn wir von Glauben sprechen, sollten wir eine Unterscheidung im Auge behalten. Es gibt eine Art des Glaubens, die sich vom Glauben völlig unterscheidet. Die Existenz und die Macht Gottes, die Wahrheit seines Wortes sind Tatsachen, die selbst Satan und seine Heerscharen im Grunde nicht leugnen können. Die Bibel sagt, dass "auch die Teufel glauben und zittern", aber das ist kein Glaube. Jakobus 2:19. Wo nicht nur an Gottes Wort geglaubt wird, sondern wo der Wille sich ihm unterwirft, wo das Herz sich ihm hingibt und die Zuneigung auf ihn gerichtet ist, da ist Glaube - Glaube, der durch Liebe wirkt und die Seele reinigt. Durch diesen Glauben wird das Herz nach dem Bild Gottes erneuert. Und das Herz, das in seinem unerneuerten Zustand dem Gesetz Gottes nicht unterworfen ist und es auch gar nicht sein kann, erfreut sich nun an seinen heiligen Vorschriften und ruft mit dem Psalmisten aus: "Oh, wie sehr liebe ich dein Gesetz, es ist mein Nachdenken den ganzen Tag." Psalm 119:97. Und die Gerechtigkeit des Gesetzes wird in uns erfüllt, "die wir nicht nach dem Fleisch wandeln, sondern nach dem Geist". Römer 8,1.

Es gibt Menschen, die die verzeihende Liebe Christi kennengelernt haben und sich wirklich wünschen, Kinder Gottes zu sein, aber sie erkennen, dass ihr Charakter unvollkommen ist, ihr Leben fehlerhaft, und sie sind bereit, daran zu zweifeln, ob ihr Herz durch den Heiligen Geist erneuert worden ist. Solchen Menschen möchte ich sagen: Zieht euch nicht verzweifelt zurück. Wir werden oft zu Füßen Jesu niederknien und weinen müssen wegen unserer Unzulänglichkeiten und Fehler, aber wir dürfen uns nicht entmutigen lassen. Selbst wenn wir vom Feind überwältigt werden, sind wir nicht verstoßen, nicht verlassen und von Gott verworfen. Nein, Christus ist zur Rechten Gottes, der auch für uns Fürsprache einlegt. Der geliebte Johannes sagte: "Das schreibe ich euch, dass ihr nicht sündigt. Und wenn jemand sündigt, so haben wir einen Fürsprecher bei dem Vater, Jesus Christus, den Gerechten." 1 Johannes 2,1. Und vergesst nicht die Worte Christi: "Der Vater selbst hat euch lieb." Johannes 16,27. Er möchte dich zu sich selbst zurückbringen, um seine eigene Reinheit und Heiligkeit in dir widergespiegelt zu sehen. Und wenn du dich ihm hingibst, wird er, der ein gutes Werk in dir begonnen hat, es bis zum Tag Jesu Christi fortsetzen. Beten

Sie inbrünstiger, glauben Sie mehr. Wenn wir unserer eigenen Kraft misstrauen, lasst uns der Kraft unseres Erlösers vertrauen, und wir werden Ihn preisen, der die Gesundheit unseres Antlitzes ist.

Je näher du Jesus kommst, desto fehlerhafter wirst du in deinen eigenen Augen erscheinen; denn deine Sicht wird klarer, und deine Unvollkommenheiten werden in breitem und deutlichem Kontrast zu seiner vollkommenen Natur gesehen werden. Das ist der Beweis dafür, dass die Täuschungen Satans ihre Macht verloren haben und dass der belebende Einfluss des Geistes Gottes dich erweckt.

Keine tiefe Liebe zu Jesus kann in einem Herzen wohnen, das seine eigene Sündhaftigkeit nicht erkennt. Die durch die Gnade Christi verwandelte Seele wird seinen göttlichen Charakter bewundern; aber wenn wir unsere eigene moralische Missgestalt nicht sehen, ist das ein untrügliches Zeichen dafür, dass wir keinen Blick auf die Schönheit und Vortrefflichkeit Christi geworfen haben.

Je weniger wir in uns selbst zu schätzen wissen, desto mehr werden wir in der unendlichen Reinheit und Lieblichkeit unseres Erlösers zu schätzen wissen. Der Blick auf unsere Sündhaftigkeit treibt uns zu dem, der verzeihen kann; und wenn die Seele, die ihre Hilflosigkeit erkennt, sich nach Christus ausstreckt, wird er sich in seiner Macht offenbaren. Je mehr uns das Gefühl der Bedürftigkeit zu Ihm und zum Wort Gottes treibt, desto erhabenere Ansichten werden wir von Seinem Charakter haben, und desto vollständiger werden wir Sein Bild widerspiegeln.

Kapitel 8—Hineinwachsen in Christus

Die Veränderung des Herzens, durch die wir Kinder Gottes werden, wird in der Bibel als Geburt bezeichnet. Wiederum wird sie mit dem Keimen des guten Samens verglichen, den der Landwirt gesät hat. In gleicher Weise sollen diejenigen, die sich gerade zu Christus bekehrt haben, "wie neugeborene Kinder" zu Männern und Frauen in Christus Jesus "heranwachsen". 1 Petrus 2,2; Epheser 4,15. Oder wie der gute Same, der auf das Feld gesät wird, sollen sie aufwachsen und Frucht bringen. Jesaja sagt, dass sie "Bäume der Gerechtigkeit genannt werden, die Pflanzung des Herrn, damit er verherrlicht werde". Jesaja 61,3. Aus dem natürlichen Leben werden also Illustrationen gezogen, um uns zu helfen, die geheimnisvollen Wahrheiten des geistlichen Lebens besser zu verstehen.

Nicht alle Weisheit und Geschicklichkeit des Menschen kann dem kleinsten Gegenstand in der Natur Leben einhauchen. Nur durch das Leben, das Gott selbst vermittelt hat, kann eine Pflanze oder ein Tier leben. So wird auch das geistige Leben in den Herzen der Menschen nur durch das Leben aus Gott gezeugt. Wenn ein Mensch nicht "von oben geboren" ist, kann er nicht des Lebens teilhaftig werden, das Christus zu geben kam. Johannes 3:3, Randbemerkung.

Wie beim Leben, so ist es auch beim Wachstum. Gott ist es, der die Knospe zum Blühen und die Blume zur Frucht bringt. Durch seine Macht entwickelt sich der Same, "zuerst der Halm, dann die Ähre, danach das volle Korn in der Ähre". Markus

4,28. Und der Prophet Hosea sagt von Israel, dass es "wachsen wird wie eine Lilie". "Sie werden aufblühen wie das Korn und wachsen wie der Weinstock." Hosea 14:5, 7. Und Jesus befiehlt uns, "die Lilien zu betrachten, wie sie wachsen". Lukas 12:27. Die Pflanzen und Blumen wachsen nicht durch ihre eigene Sorge, Angst oder Anstrengung, sondern indem sie das aufnehmen, was Gott ihnen zu ihrem Leben gegeben hat. Das Kind kann nicht durch eigene Sorge oder Kraft zu seiner Größe beitragen. Genauso wenig können Sie durch Ihre eigene Sorge oder Anstrengung geistliches Wachstum erreichen. Die Pflanze, das Kind, wächst, indem sie von ihrer Umgebung das erhält, was ihrem Leben dient: Luft, Sonnenschein und Nahrung. Was diese Gaben der Natur für Tier und Pflanze sind, das ist Christus für diejenigen, die auf ihn vertrauen. Er ist ihr "ewiges Licht", "eine Sonne und ein Schild". Jesaja 60,19; Psalm 84,11. Er wird "wie der Tau für Israel" sein. "Er wird wie Regen auf das gemähte Gras fallen". Hosea 14,5; Psalm 72,6. Er ist das lebendige Wasser, "das Brot Gottes ..., das vom Himmel herabkommt und der Welt das Leben gibt." Johannes 6,33.

In der unvergleichlichen Gabe seines Sohnes hat Gott die ganze Welt mit einer Atmosphäre der Gnade umhüllt, die so real ist wie die Luft, die um den Erdball zirkuliert. Alle, die sich entscheiden, diese lebensspendende Atmosphäre zu atmen, werden leben und zu Männern und Frauen in Christus Jesus heranwachsen.

Wie die Blume sich der Sonne zuwendet, damit die hellen Strahlen ihre Schönheit und Symmetrie vervollkommnen, so sollten wir uns der Sonne der Gerechtigkeit zuwenden, damit das Licht des Himmels auf uns scheint und unser Charakter sich zum Ebenbild Christi entwickelt.

Jesus lehrt dasselbe, wenn er sagt: "Bleibt in mir, und ich bleibe in euch. Wie die Rebe nicht von sich aus Frucht bringen kann, wenn sie nicht am Weinstock bleibt, so könnt auch ihr nicht, wenn ihr nicht in Mir bleibt.... Ohne mich könnt ihr nichts tun." Johannes 15:4, 5. Um ein heiliges Leben zu führen, sind Sie genauso von Christus abhängig, wie die Rebe vom Mutterstock, um zu wachsen und Früchte zu tragen. Ohne ihn haben Sie kein Leben. Du hast keine Kraft, der Versuchung zu widerstehen oder in Gnade und Heiligkeit zu wachsen. Wenn du in ihm bleibst, kannst du gedeihen. Wenn du dein Leben aus ihm schöpfst, wirst du weder verdorren noch unfruchtbar sein. Du wirst wie ein Baum sein, der an den Wasserbächen gepflanzt ist.

Viele haben die Vorstellung, dass sie einen Teil der Arbeit allein tun müssen. Sie haben Christus die Vergebung der Sünden anvertraut, aber nun versuchen sie, aus eigener Kraft ein rechtes Leben zu führen. Aber jede solche Anstrengung muss scheitern. Jesus sagt: "Ohne mich könnt ihr nichts tun". Unser Wachstum in der Gnade, unsere Freude, unsere Nützlichkeit - all das hängt von unserer Verbindung mit Christus ab. Durch die Gemeinschaft mit ihm, täglich, stündlich, durch das Verweilen in ihm, sollen wir in der Gnade wachsen. Er ist nicht nur der Urheber, sondern auch der Vollender unseres Glaubens. Christus ist der Erste und der Letzte und immer. Er soll bei uns sein, nicht nur am Anfang und am Ende unseres Weges, sondern bei jedem Schritt auf dem Weg. David sagt: "Ich habe den Herrn allezeit vor mir; denn er ist zu meiner Rechten, so werde ich nicht wanken." Psalm 16:8.

Fragen Sie sich: "Wie soll ich in Christus bleiben?" In der gleichen Weise, wie Sie ihn zuerst empfangen haben. "Wie ihr nun Christus Jesus, den Herrn, empfangen habt, so wandelt auch in ihm." "Der Gerechte wird durch den Glauben leben." Kolosser 2,6; Hebräer 10,38. Sie haben sich Gott hingegeben, um ihm ganz zu gehören, ihm zu dienen und zu gehorchen, und Sie haben Christus als Ihren Retter angenommen. Sie konnten Ihre Sünden nicht selbst sühnen oder Ihr Herz ändern; aber da Sie sich Gott hingegeben haben, glauben Sie, dass er all dies um Christi willen für Sie getan hat. Durch den Glauben sind Sie Christus zugehörig geworden, und durch den Glauben sollen Sie in ihm wachsen - durch Geben und Nehmen. Du sollst alles geben - dein Herz, deinen Willen, deinen Dienst -, dich ihm hingeben, um allen seinen Forderungen zu gehorchen; und du sollst alles nehmen - Christus, die Fülle allen Segens, um in deinem Herzen zu wohnen, um deine Stärke, deine Gerechtigkeit, dein ewiger Helfer zu sein -, um dir Kraft zum Gehorsam zu geben.

Weihe dich am Morgen Gott; mache dies zu deiner allerersten Arbeit. Dein Gebet soll lauten: "Nimm mich, Herr, als ganz und gar Dein. Ich lege alle meine Pläne zu Deinen Füßen. Benutze mich heute in Deinem Dienst. Bleibe bei mir, und lass all mein Werk in Dir wirken." Dies ist eine tägliche Angelegenheit. Weihen Sie sich jeden Morgen Gott für diesen Tag. Übergeben Sie Ihm alle Ihre Pläne, die Sie ausführen oder aufgeben können, wie es Seine Vorsehung vorgibt. So können Sie Ihr Leben Tag für Tag in die Hände Gottes geben, und so wird Ihr Leben mehr und mehr nach dem Leben Christi geformt werden.

Ein Leben in Christus ist ein Leben der Ruhe. Es mag keine Ekstase der Gefühle geben, aber es sollte ein beständiges, friedliches Vertrauen sein. Deine Hoffnung liegt nicht in dir selbst, sondern in Christus. Deine Schwäche ist mit seiner

Stärke verbunden, deine Unwissenheit mit seiner Weisheit, deine Gebrechlichkeit mit seiner beständigen Macht. Du sollst also nicht auf dich selbst schauen, deinen Geist nicht bei dir selbst verweilen lassen, sondern auf Christus schauen. Lass deinen Geist bei seiner Liebe, bei der Schönheit und Vollkommenheit seines Charakters verweilen. Christus in seiner Selbstverleugnung, Christus in seiner Erniedrigung, Christus in seiner Reinheit und Heiligkeit, Christus in seiner unvergleichlichen Liebe - das ist das Thema für die Betrachtung der Seele. Indem du Ihn liebst, Ihn nachahmst und dich ganz auf Ihn verlässt, sollst du in Sein Ebenbild verwandelt werden.

Jesus sagt: "Bleibt in mir". Diese Worte vermitteln die Vorstellung von Ruhe, Stabilität, Vertrauen. Wieder lädt er ein: "Kommt zu mir, ... und ich werde euch Ruhe geben. Matthäus 11:28. Die Worte des Psalmisten drücken denselben Gedanken aus: "Ruht in dem Herrn und wartet geduldig auf ihn." Und Jesaja gibt die Zusicherung: "In der Ruhe und in der Zuversicht wird deine Kraft sein." Psalm 37,7; Jesaja 30,15. Diese Ruhe ist nicht in Untätigkeit zu finden; denn in der Einladung des Erlösers ist die Verheißung der Ruhe mit der Aufforderung zur Arbeit verbunden: "Nehmt mein Joch auf euch, ... und ihr werdet Ruhe finden." Matthäus 11,29. Das Herz, das am meisten auf Christus ruht, wird am ernsthaftesten und aktivsten in der Arbeit für ihn sein.

Wenn der Geist bei sich selbst verweilt, wird er von Christus, der Quelle der Kraft und des Lebens, abgewandt. Daher ist es das ständige Bestreben Satans, die Aufmerksamkeit vom Heiland abzulenken und so die Vereinigung und Gemeinschaft der Seele mit Christus zu verhindern. Die Vergnügungen der Welt, die Sorgen und Nöte des Lebens, die Fehler der anderen oder die eigenen Fehler und Unvollkommenheiten - all das oder noch mehr wird er versuchen, den Geist abzulenken. Lassen Sie sich nicht von seinen Tricks in die Irre führen. Viele, die wirklich gewissenhaft sind und für Gott leben wollen, verleitet er allzu oft dazu, sich mit ihren eigenen Fehlern und Schwächen zu beschäftigen, und hofft so, durch die Trennung von Christus den Sieg zu erringen. Wir sollten uns nicht selbst in den Mittelpunkt stellen und uns der Sorge und Angst hingeben, ob wir gerettet werden. All das wendet die Seele von der Quelle unserer Kraft ab. Überlassen Sie die Bewahrung Ihrer Seele Gott und vertrauen Sie auf ihn. Sprich und denke an Jesus. Verlieren Sie sich in Ihm. Legen Sie alle Zweifel ab; verwerfen Sie Ihre Ängste. Sagen Sie mit dem Apostel Paulus: "Ich lebe, doch nicht ich, sondern Christus lebt in mir; und das Leben, das ich jetzt im Fleisch lebe, lebe ich durch den Glauben an den Sohn Gottes, der mich geliebt und sich selbst für mich hingegeben hat." Galater 2,20. Ruhe in Gott. Er ist in der Lage, das zu bewahren, was Sie ihm anvertraut haben. Wenn du dich in seine Hände begibst, wird er dich mehr als besiegen durch den, der dich geliebt hat.

Als Christus die menschliche Natur annahm, band er die Menschheit durch ein Band der Liebe an sich, das von keiner Macht außer der Entscheidung des Menschen selbst zerrissen werden kann. Satan wird uns ständig verführen, dieses Band zu zerreißen - uns zu entscheiden, uns von Christus zu trennen. Hier müssen wir wachsam sein, uns bemühen und beten, damit uns nichts dazu verleitet, einen anderen Herrn zu wählen; denn wir sind immer frei, dies zu tun. Aber lasst uns unsere Augen auf Christus gerichtet halten, und er wird uns bewahren. Wenn wir auf Jesus schauen, sind wir sicher. Nichts kann uns aus seiner Hand reißen. Indem wir ständig auf ihn schauen, werden wir "verwandelt in dasselbe Bild von Herrlichkeit zu Herrlichkeit, wie durch den Geist des Herrn". 2 Korinther 3,18.

So erlangten die ersten Jünger ihre Ähnlichkeit mit dem lieben Heiland. Als diese Jünger die Worte Jesu hörten, spürten sie, dass sie ihn brauchten. Sie suchten, sie fanden, sie folgten ihm. Sie waren mit ihm im Haus, bei Tisch, in der Kammer, auf dem Feld. Sie waren bei ihm wie Schüler bei einem Lehrer und empfingen täglich von seinen Lippen Lektionen der heiligen Wahrheit. Sie blickten auf ihn wie Diener auf ihren Herrn, um ihre Pflicht zu lernen. Diese Jünger waren Menschen, "die den gleichen Leidenschaften unterworfen waren wie wir". Jakobus 5:17. Sie hatten denselben Kampf mit der Sünde zu führen. Sie brauchten die gleiche Gnade, um ein heiliges Leben zu führen.

Selbst Johannes, der geliebte Jünger, der das Ebenbild des Erlösers am meisten widerspiegelte, besaß nicht von Natur aus diese Liebenswürdigkeit des Charakters. Er war nicht nur selbstbewusst und ehrgeizig, sondern auch ungestüm und nachtragend, wenn er verletzt wurde. Aber als ihm der Charakter des Göttlichen offenbart wurde, erkannte er seine eigene Unzulänglichkeit und wurde durch diese Erkenntnis gedemütigt. Die Stärke und Geduld, die Macht und Zärtlichkeit, die Majestät und Sanftmut, die er im täglichen Leben des Gottessohnes sah, erfüllten seine Seele mit Bewunderung und Liebe. Tag für Tag wurde sein Herz von Christus angezogen, bis er in der Liebe zu seinem Meister sich selbst aus den Augen verlor. Sein nachtragendes, ehrgeiziges Wesen wurde der formenden Kraft Christi unterworfen. Der erneuernde Einfluss des Heiligen Geistes erneuerte sein Herz. Die Kraft der Liebe Christi bewirkte eine Veränderung seines Charakters. Dies ist das sichere Ergebnis der Vereinigung mit Jesus. Wenn Christus im Herzen wohnt, wird das ganze Wesen verwandelt. Der Geist Christi, seine Liebe, erweicht das Herz, zähmt die Seele und erhebt die Gedanken und Wünsche zu Gott und dem Himmel.

Als Christus in den Himmel auffuhr, war das Gefühl seiner Gegenwart noch bei seinen Nachfolgern. Es war eine persönliche Gegenwart, voller Liebe und Licht. Jesus, der Heiland, der mit ihnen gegangen war, mit ihnen geredet und gebetet hatte, der ihren Herzen Hoffnung und Trost zugesprochen hatte, war, während die Friedensbotschaft noch über seine Lippen kam, von ihnen in den Himmel aufgenommen worden, und der Klang seiner Stimme war zu ihnen zurückgekehrt, als die Wolke der Engel ihn empfing: "Siehe, ich bin bei euch alle Tage bis an der Welt Ende." Matthäus 28:20. Er war in Menschengestalt in den Himmel aufgefahren. Sie wussten, dass er immer noch vor dem Thron Gottes stand, ihr Freund und Retter, dass sein Mitgefühl unverändert war, dass er immer noch mit der leidenden Menschheit identifiziert wurde. Er präsentierte vor Gott die Verdienste seines eigenen kostbaren Blutes und zeigte seine verwundeten Hände und Füße, um an den Preis zu erinnern, den er für seine Erlösten bezahlt hatte. Sie wussten, dass er in den Himmel aufgefahren war, um ihnen einen Platz zu bereiten, und dass er wiederkommen und sie zu sich holen würde.

Als sie nach der Himmelfahrt zusammenkamen, wollten sie dem Vater im Namen Jesu ihre Bitten vortragen. In feierlicher Ehrfurcht verneigten sie sich im Gebet und wiederholten die Zusicherung: "Was immer ihr den Vater in meinem Namen bitten werdet, er wird es euch geben. Bis jetzt habt ihr nichts in meinem Namen erbeten; bittet, so werdet ihr empfangen, auf dass eure Freude vollkommen sei." Johannes 16:23, 24. Sie streckten die Hand des Glaubens immer höher aus mit dem mächtigen Argument: "Christus ist es, der gestorben, ja, der auferstanden ist, der auch zur Rechten Gottes ist, der auch für uns Fürsprache einlegt." Römer 8,34. Und Pfingsten brachte ihnen die Gegenwart des Trösters, von dem Christus gesagt hatte, er "werde in euch sein". Und er hatte weiter gesagt: "Es ist gut für euch, dass ich weggehe; denn wenn ich nicht weggehe, wird der Tröster nicht zu euch kommen; wenn ich aber weggehe, werde ich ihn zu euch senden." Johannes 14,17; 16,7. Von nun an sollte Christus durch den Geist ständig in den Herzen seiner Kinder bleiben. Ihre Verbindung mit ihm war enger, als wenn er persönlich bei ihnen war. Das Licht, die Liebe und die Kraft des innewohnenden Christus leuchteten durch sie hindurch, so dass die Menschen sich bei ihrem Anblick "verwunderten und erkannten, dass sie mit Jesus gewesen waren". Apostelgeschichte 4,13.

Alles, was Christus für die Jünger war, will er auch heute für seine Kinder sein; denn in jenem letzten Gebet, als die kleine Schar der Jünger um ihn versammelt war, sagte er: "Ich bitte auch nicht für diese allein, sondern auch für die, die durch ihr Wort an mich glauben werden". Johannes 17:20.

Jesus hat für uns gebetet und darum gebetet, dass wir eins mit ihm sind, wie er eins mit dem Vater ist. Was für eine Einheit ist das! Der Heiland hat von sich selbst gesagt: "Der Sohn kann nichts aus sich selbst tun"; "der Vater, der in mir ist, der tut die Werke." Johannes 5,19; 14,10. Wenn also Christus in unseren Herzen wohnt, wird er in uns wirken, "zu wollen und zu tun nach seinem Wohlgefallen". Philipper 2,13. Wir werden so arbeiten, wie er gearbeitet hat; wir werden denselben Geist offenbaren. Und so werden wir, wenn wir ihn lieben und in ihm bleiben, "in allen Dingen in ihn hineinwachsen, der das Haupt ist, nämlich Christus". Epheser 4,15.

Kapitel 9—Das Werk und das Leben

Gott ist die Quelle des Lebens, des Lichts und der Freude im Universum. Wie die Lichtstrahlen der Sonne, wie die Wasserströme, die aus einer lebendigen Quelle sprudeln, fließt der Segen von ihm zu allen seinen Geschöpfen. Und wo immer das Leben Gottes in den Herzen der Menschen ist, wird es in Liebe und Segen auf andere überfließen.

Die Freude unseres Erlösers bestand darin, die gefallenen Menschen aufzurichten und zu erlösen. Dafür hielt er sein Leben nicht für wertvoll, sondern ertrug das Kreuz und verachtete die Schande. So sind die Engel ständig damit beschäftigt, für das Glück anderer zu arbeiten. Das ist ihre Freude. Das, was selbstsüchtige Herzen als demütigenden Dienst ansehen würden, nämlich denen zu dienen, die elend und in jeder Hinsicht minderwertig sind, ist das Werk der sündlosen Engel. Der Geist der aufopfernden Liebe Christi ist der Geist, der den Himmel durchdringt und das Wesen seiner Glückseligkeit ausmacht. Dies ist der Geist, den die Nachfolger Christi besitzen werden, das Werk, das sie tun werden.

Wenn die Liebe Christi im Herzen verankert ist, kann sie wie ein süßer Duft nicht verborgen werden. Ihr heiliger Einfluss wird von allen, mit denen wir in Berührung kommen, gespürt. Der Geist Christi im Herzen ist wie eine Quelle in der Wüste, die fließt, um alle zu erfrischen, und die diejenigen, die bereit sind, zugrunde zu gehen, begierig macht, vom Wasser des Lebens zu trinken.

Die Liebe zu Jesus wird sich in dem Wunsch äußern, so zu arbeiten, wie er zum Segen und zur Hebung der Menschheit gearbeitet hat. Sie wird zu Liebe, Zärtlichkeit und Sympathie gegenüber allen Geschöpfen führen, die in der Obhut unseres himmlischen Vaters sind.

Das Leben des Erlösers auf Erden war nicht ein Leben der Leichtigkeit und der Hingabe an sich selbst, sondern Er arbeitete mit beharrlicher, ernster, unermüdlicher Anstrengung für die Rettung der verlorenen Menschheit. Von der Krippe bis zum Kalvarienberg ging Er den Weg der Selbstverleugnung und wollte nicht von mühsamen Aufgaben, schmerzhaften Reisen und erschöpfender Sorge und Arbeit befreit werden. Er sagte: "Der Menschensohn ist nicht gekommen, um sich dienen zu lassen, sondern um zu dienen und sein Leben hinzugeben als Lösegeld für viele." Matthäus 20:28. Dies war das eine große Ziel seines Lebens. Alles andere war zweitrangig und untergeordnet. Sein Speise und Trank war es, den Willen Gottes zu tun und sein Werk zu vollenden. Selbst und Eigennutz spielten bei seiner Arbeit keine Rolle.

Diejenigen, die der Gnade Christi teilhaftig sind, werden also bereit sein, jedes Opfer zu bringen, damit andere, für die er gestorben ist, an der himmlischen Gabe teilhaben können. Sie werden alles tun, was sie können, um die Welt für ihren Aufenthalt in ihr besser zu machen. Dieser Geist ist das sichere Ergebnis einer wirklich bekehrten Seele. Kaum ist jemand zu Christus gekommen, entsteht in seinem Herzen der Wunsch, anderen mitzuteilen, welch kostbaren Freund er in Jesus gefunden hat; die rettende und heiligende Wahrheit kann nicht in seinem Herzen verschlossen werden. Wenn wir mit der Gerechtigkeit Christi bekleidet sind und von der Freude des uns innewohnenden Geistes erfüllt sind, können wir unseren Frieden nicht halten. Wenn wir geschmeckt und gesehen haben, dass der Herr gut ist, werden wir etwas zu erzählen haben. Wie Philippus, als er den Heiland fand, werden wir andere in seine Gegenwart einladen. Wir werden versuchen, ihnen die Anziehungskraft Christi und die unsichtbaren Realitäten der kommenden Welt zu zeigen. Es wird ein intensives Verlangen geben, dem Weg zu folgen, den Jesus gegangen ist. Es wird ein ernsthaftes Verlangen geben, dass die Menschen um uns herum "das Lamm Gottes sehen, das die Sünde der Welt wegnimmt". Johannes 1:29.

Und das Bemühen, andere zu segnen, wird sich in Segnungen für uns selbst niederschlagen. Das war die Absicht Gottes, als er uns eine Rolle im Plan der Erlösung zukommen ließ. Er hat den Menschen das Vorrecht eingeräumt, der göttlichen Natur teilhaftig zu werden und ihrerseits den Segen an ihre Mitmenschen weiterzugeben. Dies ist die höchste Ehre, die größte Freude, die Gott den Menschen zukommen lassen kann. Diejenigen, die auf diese Weise an der Arbeit der Liebe teilnehmen, kommen ihrem Schöpfer am nächsten.

Gott hätte die Botschaft des Evangeliums und das ganze Werk des liebevollen Dienstes den himmlischen Engeln übertragen können. Er hätte auch andere Mittel einsetzen können, um sein Ziel zu erreichen. Aber in seiner unendlichen Liebe hat er sich dafür entschieden, uns zu seinen Mitarbeitern zu machen, mit Christus und den Engeln, damit wir den Segen, die Freude und die geistige Erhebung teilen, die aus diesem selbstlosen Dienst resultieren.

Durch die Gemeinschaft mit seinen Leiden werden wir mit Christus in Verbindung gebracht. Jeder Akt der Selbstaufopferung zum Wohle anderer stärkt den Geist der Wohltätigkeit im Herzen des Gebers und verbindet ihn enger mit dem Erlöser der Welt, der "reich war, aber um euretwillen ... arm wurde, damit ihr durch seine Armut reich werdet." 2 Korinther 8,9. Und nur wenn wir auf diese Weise die göttliche Bestimmung in unserer Schöpfung erfüllen, kann das Leben für uns ein Segen sein.

Wenn du dich an die Arbeit machst, wie Christus es für seine Jünger vorsieht, und Seelen für ihn gewinnst, wirst du das Bedürfnis nach einer tieferen Erfahrung und einem größeren Wissen in göttlichen Dingen spüren und nach Gerechtigkeit hungern und dürsten. Du wirst Gott anflehen, und dein Glaube wird gestärkt werden, und deine Seele wird aus dem Brunnen des Heils einen tieferen Schluck trinken. Widerstände und Prüfungen werden dich zur Bibel und zum Gebet treiben. Sie werden in der Gnade und in der Erkenntnis Christi wachsen und eine reiche Erfahrung machen.

Der Geist der selbstlosen Arbeit für andere verleiht dem Charakter Tiefe, Stabilität und christliche Lieblichkeit und bringt seinem Besitzer Frieden und Glück. Die Bestrebungen sind hochgesteckt. Es gibt keinen Raum für Trägheit oder Selbstsucht. Diejenigen, die auf diese Weise die christlichen Gnaden ausüben, werden wachsen und stark werden, um für Gott zu arbeiten. Sie werden klare geistliche Wahrnehmungen haben, einen festen, wachsenden Glauben und eine zunehmende Kraft im Gebet. Der Geist Gottes, der sich in ihrem Geist bewegt, ruft die heiligen Harmonien der Seele als Antwort auf die göttliche Berührung hervor. Diejenigen, die sich auf diese Weise selbstlos für das Wohl anderer einsetzen, arbeiten mit Sicherheit an ihrer eigenen Erlösung.

Die einzige Möglichkeit, in der Gnade zu wachsen, besteht darin, uneigennützig das Werk zu tun, das Christus uns aufgetragen hat - uns im Rahmen unserer Möglichkeiten dafür einzusetzen, denen zu helfen und sie zu segnen, die unsere Hilfe brauchen. Stärke kommt durch Übung; Aktivität ist die eigentliche Bedingung des Lebens. Diejenigen, die sich bemühen, das christliche Leben aufrechtzuerhalten, indem sie die Segnungen, die durch die Mittel der Gnade kommen, passiv annehmen und nichts für Christus tun, versuchen einfach, vom Essen zu leben, ohne zu arbeiten. Und das führt in der geistlichen wie in der natürlichen Welt immer zu Degeneration und Verfall. Ein Mensch, der sich weigert, seine Glieder zu bewegen, würde bald alle Kraft verlieren, sie zu gebrauchen. So scheitert der Christ, der seine von Gott gegebenen Kräfte nicht ausübt, nicht nur daran, in Christus hineinzuwachsen, sondern er verliert auch die Kraft, die er bereits hatte.

Die Kirche Christi ist das von Gott eingesetzte Organ für die Errettung der Menschen. Ihr Auftrag ist es, das Evangelium in die Welt zu tragen. Und die Verpflichtung ruht auf allen Christen. Jeder soll im Rahmen seiner Begabung und seiner Möglichkeiten den Auftrag des Erlösers erfüllen. Die Liebe Christi, die uns offenbart wurde, macht uns zu Schuldnern gegenüber allen, die ihn nicht kennen. Gott hat uns das Licht gegeben, nicht für uns allein, sondern um es auf sie zu werfen.

Wären die Nachfolger Christi wach und pflichtbewusst, gäbe es Tausende, wo es heute einen gibt, der das Evangelium in heidnischen Ländern verkündet. Und alle, die sich nicht persönlich an dem Werk beteiligen können, würden es dennoch mit ihren Mitteln, ihrer Sympathie und ihren Gebeten unterstützen. Und es gäbe viel mehr ernsthafte Arbeit für Seelen in christlichen Ländern.

Wir brauchen nicht in heidnische Länder zu gehen oder gar den engen Kreis unseres Zuhauses zu verlassen, wenn es unsere Pflicht ist, für Christus zu arbeiten. Wir können dies im häuslichen Kreis tun, in der Kirche, unter denen, mit denen wir verkehren, und mit denen wir Geschäfte machen.

Den größten Teil seines Erdenlebens verbrachte unser Erlöser in geduldiger Arbeit in der Zimmermannswerkstatt in Nazareth. Dienende Engel begleiteten den Herrn des Lebens, als Er Seite an Seite mit Bauern und Arbeitern ging, unerkannt und ungeehrt. Er erfüllte seine Mission genauso treu, während er in seinem bescheidenen Beruf arbeitete, wie wenn er Kranke heilte oder auf den sturmgepeitschten Wellen Galiläas wandelte. So können wir in den bescheidensten Pflichten und den niedrigsten Positionen des Lebens mit Jesus gehen und arbeiten.

Der Apostel sagt: "Ein jeder bleibe in dem, wo er berufen ist, bei Gott". 1 Korinther 7,24. Der Geschäftsmann kann sein Geschäft so führen, dass er durch seine Treue seinen Meister verherrlicht. Wenn er ein wahrer Nachfolger Christi ist, wird er seine Religion in alles hineintragen, was er tut, und den Menschen den Geist Christi offenbaren. Der Mechaniker kann ein fleißiger und treuer Vertreter dessen sein, der sich in den einfachen Verhältnissen auf den Hügeln von Galiläa abgemüht hat. Jeder, der den Namen Christi nennt, sollte so arbeiten, dass andere durch den Anblick seiner guten Werke dazu gebracht werden, ihren Schöpfer und Erlöser zu verherrlichen.

Viele haben sich entschuldigt, ihre Gaben nicht in den Dienst Christi zu stellen, weil andere über bessere Begabungen und Vorteile verfügten. Es hat sich die Meinung durchgesetzt, dass nur diejenigen, die besonders begabt sind, ihre Fähigkeiten dem Dienst Gottes weihen müssen. Viele sind zu der Auffassung gelangt, dass die Talente nur einer bestimmten begünstigten Klasse gegeben werden, unter

Ausschluss der anderen, die natürlich nicht aufgefordert sind, an den Mühen oder dem Lohn teilzuhaben. Aber im Gleichnis ist das nicht so dargestellt. Als der Hausherr seine Knechte rief, gab er jedem seine Arbeit.

Mit einem liebenden Geist können wir die bescheidensten Pflichten des Lebens "wie für den Herrn" erfüllen. Kolosser 3,23. Wenn die Liebe Gottes im Herzen ist, wird sie sich auch im Leben manifestieren. Der süße Duft Christi wird uns umgeben, und unser Einfluss wird uns erheben und segnen.

Sie sollen nicht auf große Gelegenheiten warten oder außergewöhnliche Fähigkeiten erwarten, bevor Sie sich an die Arbeit für Gott machen. Ihr braucht euch keine Gedanken darüber zu machen, was die Welt von euch denken wird. Wenn euer tägliches Leben ein Zeugnis für die Reinheit und Aufrichtigkeit eures Glaubens ist und die anderen davon überzeugt sind, dass ihr ihnen nützen wollt, werden eure Bemühungen nicht völlig umsonst sein.

Die bescheidensten und ärmsten Jünger Jesu können ein Segen für andere sein. Sie sind sich vielleicht nicht bewusst, dass sie etwas besonders Gutes tun, aber durch ihren unbewussten Einfluss können sie Wellen des Segens auslösen, die sich ausbreiten und vertiefen werden, und die gesegneten Ergebnisse werden sie vielleicht bis zum Tag der endgültigen Belohnung nie erfahren. Sie spüren oder wissen nicht, dass sie etwas Großes tun. Sie müssen sich nicht mit der Sorge um den Erfolg abmühen. Sie müssen nur ruhig vorwärts gehen und treu die Arbeit tun, die Gottes Vorsehung ihnen zuweist, und ihr Leben wird nicht vergeblich sein. Ihre eigene Seele wird mehr und mehr in die Ähnlichkeit mit Christus hineinwachsen; sie sind Arbeiter mit Gott in diesem Leben und sind so für die höhere Arbeit und die unbeschattete Freude des kommenden Lebens geeignet.

Kapitel 10—A Erkenntnis Gottes

Es gibt viele Wege, auf denen Gott versucht, sich uns mitzuteilen und uns in Gemeinschaft mit ihm zu bringen. Die Natur spricht unaufhörlich zu unseren Sinnen. Ein offenes Herz ist beeindruckt von der Liebe und der Herrlichkeit Gottes, die sich durch die Werke seiner Hände offenbaren. Das hörende Ohr kann die Mitteilungen Gottes durch die Dinge der Natur hören und verstehen. Die grünen Felder, die hohen Bäume, die Knospen und Blumen, die vorbeiziehende Wolke, der fallende Regen, der plätschernde Bach, die Herrlichkeit des Himmels sprechen zu unseren Herzen und laden uns ein, den kennenzulernen, der sie alle geschaffen hat.

Unser Erlöser verband seine kostbaren Lehren mit den Dingen der Natur. Die Bäume, die Vögel, die Blumen in den Tälern, die Hügel, die Seen und der schöne Himmel sowie die Ereignisse und die Umgebung des täglichen Lebens waren alle mit den Worten der Wahrheit verbunden, damit seine Lehren auch inmitten der geschäftigen Sorgen des mühsamen Lebens des Menschen oft ins Gedächtnis zurückgerufen werden konnten.

Gott möchte, dass seine Kinder seine Werke schätzen und sich an der einfachen, stillen Schönheit erfreuen, mit der er unser irdisches Heim geschmückt hat. Er ist ein Liebhaber des Schönen, und über alles, was äußerlich anziehend ist, liebt er die Schönheit des Charakters; er möchte, dass wir Reinheit und Einfachheit pflegen, die stillen Anmutungen der Blumen.

Wenn wir nur zuhören wollen, lehren uns Gottes geschaffene Werke wertvolle Lektionen über Gehorsam und Vertrauen. Von den Sternen, die auf ihren spurlosen Bahnen durch den Weltraum von Zeitalter zu Zeit ihrem vorbestimmten Weg folgen, bis hin zum kleinsten Atom gehorchen die Dinge der Natur dem Willen des Schöpfers. Und Gott sorgt für alles und erhält alles, was er geschaffen hat. Er, der die unzähligen Welten in der Unendlichkeit erhält, kümmert sich gleichzeitig um die Bedürfnisse des kleinen braunen Spatzen, der sein bescheidenes Lied ohne Angst singt. Wenn die Menschen zu ihrer täglichen Arbeit hinausgehen, wie wenn sie beten, wenn sie sich abends niederlegen und morgens aufstehen, wenn der Reiche in seinem Palast feiert oder der Arme seine Kinder um die karge Tafel versammelt, wird jeder von dem himmlischen Vater zärtlich bewacht. Keine Träne wird vergossen, die Gott nicht bemerkt. Es gibt kein Lächeln, das er nicht bemerkt.

Wenn wir dies nur voll und ganz glauben würden, wären alle unnötigen Ängste beseitigt. Unser Leben wäre nicht mehr so voller Enttäuschungen wie jetzt; denn alles, ob groß oder klein, wäre in den Händen Gottes, der nicht durch die Vielzahl der Sorgen verwirrt oder von ihrem Gewicht überwältigt wird. Wir würden dann eine Seelenruhe genießen, die vielen schon lange fremd geworden ist.

Während sich Ihre Sinne an der reizvollen Schönheit der Erde erfreuen, denken Sie an die kommende Welt, die niemals den Fluch der Sünde und des Todes kennen wird; wo das Antlitz der Natur nicht mehr den Schatten des Fluches tragen wird. Stellen Sie sich die Heimat der Erlösten vor, und denken Sie daran, dass sie herrlicher sein wird, als Ihre hellste Vorstellungskraft es sich ausmalen kann. In den vielfältigen

Gaben Gottes in der Natur sehen wir nur den schwächsten Schimmer seiner Herrlichkeit. Es steht geschrieben: "Was Gott denen bereitet hat, die ihn lieben, das hat kein Auge gesehen und kein Ohr gehört, und es ist auch nicht in das Herz eines Menschen gedrungen." 1 Korinther 2,9.

Der Dichter und der Naturforscher haben viel über die Natur zu sagen, aber es ist der Christ, der die Schönheit der Erde mit der höchsten Wertschätzung genießt, weil er das Werk seines Vaters erkennt und seine Liebe in Blume und Strauch und Baum wahrnimmt. Niemand kann die Bedeutung von Hügeln und Tälern, Flüssen und Meeren richtig einschätzen, der sie nicht als Ausdruck der Liebe Gottes zum Menschen betrachtet.

Gott spricht zu uns durch das Wirken seiner Vorsehung und durch den Einfluss seines Geistes auf unser Herz. In unseren Lebensumständen und unserer Umgebung, in den Veränderungen, die sich täglich um uns herum vollziehen, können wir wertvolle Lektionen finden, wenn unsere Herzen nur offen sind, sie zu erkennen. Der Psalmist, der das Wirken von Gottes Vorsehung nachzeichnet, sagt: "Die Erde ist voll der Güte des Herrn." "Wer weise ist und auf diese Dinge achtet, der wird die Güte des Herrn erkennen." Psalm 33,5; 107,43.

Gott spricht zu uns in seinem Wort. Hier haben wir in klareren Linien die Offenbarung seines Charakters, seines Handelns mit den Menschen und des großen Erlösungswerkes. Hier liegt die Geschichte der Patriarchen und Propheten und anderer heiliger Männer der Vergangenheit offen vor uns. Sie waren Menschen, "die denselben Leidenschaften unterworfen waren wie wir". Jakobus 5:17. Wir sehen, wie sie durch Entmutigungen wie die unseren kämpften, wie sie wie wir in Versuchung gerieten und doch wieder Mut fassten und durch die Gnade Gottes siegten; und indem wir das sehen, werden wir in unserem Streben nach Gerechtigkeit ermutigt. Wenn wir von den kostbaren Erfahrungen lesen, die ihnen zuteil wurden, von dem Licht, der Liebe und dem Segen, an dem sie sich erfreuen konnten, und von dem Werk, das sie durch die ihnen geschenkte Gnade vollbrachten, entzündet der Geist, der sie beseelte, in unseren Herzen eine Flamme heiligen Nacheiferns und den Wunsch, ihnen im Charakter gleich zu sein - wie sie mit Gott wandeln.

Jesus sagte von den alttestamentlichen Schriften - und wie viel mehr gilt das für die neuen -: "Sie sind es, die von mir zeugen", dem Erlöser, auf den sich unsere Hoffnung auf das ewige Leben gründet. Johannes 5:39. Ja, die ganze Bibel erzählt von Christus. Vom ersten Schöpfungsbericht - "ohne ihn ist nichts gemacht, was gemacht ist" - bis zur abschließenden Verheißung "Siehe, ich komme bald" lesen wir von seinen Werken und hören auf seine Stimme. Johannes 1,3; Offenbarung 22,12. Wenn Sie den Heiland kennenlernen wollen, studieren Sie die Heilige Schrift.

Erfülle dein ganzes Herz mit den Worten Gottes. Sie sind das lebendige Wasser, das deinen brennenden Durst löscht. Sie sind das lebendige Brot vom Himmel. Jesus erklärt: "Wenn ihr nicht das Fleisch des Menschensohns esst und sein Blut trinkt, habt ihr kein Leben in euch." Und er erklärt sich selbst, indem er sagt: "Die Worte, die ich zu euch rede, die sind Geist und sie sind Leben." Johannes 6:53, 63. Unser Körper wird aus dem aufgebaut, was wir essen und trinken; und wie in der natürlichen Wirtschaft, so auch in der geistlichen Wirtschaft: es ist das, worüber wir meditieren, was unserer geistlichen Natur Ton und Kraft verleiht.

Das Thema der Erlösung ist eines, mit dem sich die Engel befassen wollen; es wird die Wissenschaft und das Lied der Erlösten durch die unendlichen Zeitalter der Ewigkeit sein. Ist es nicht wert, dass wir es jetzt sorgfältig bedenken und studieren? Die unendliche Barmherzigkeit und Liebe Jesu, das Opfer, das er für uns gebracht hat, erfordern ernsthaftes und feierliches Nachdenken. Wir sollten uns mit dem Charakter unseres lieben Erlösers und Fürsprechers befassen. Wir sollten über die Mission dessen nachdenken, der gekommen ist, um sein Volk von seinen Sünden zu erlösen. Wenn wir auf diese Weise über himmlische Themen nachdenken, werden unser Glaube und unsere Liebe stärker, und unsere Gebete werden Gott immer besser gefallen, weil sie mehr und mehr mit Glauben und Liebe vermischt sind. Sie werden intelligent und inbrünstig sein. Es wird ein beständigeres Vertrauen in Jesus geben und eine tägliche, lebendige Erfahrung seiner Macht, alle, die durch ihn zu Gott kommen, bis ins Äußerste zu retten.

Wenn wir über die Vollkommenheiten des Erlösers meditieren, werden wir uns wünschen, völlig umgewandelt und nach dem Bild seiner Reinheit erneuert zu werden. Unsere Seele wird hungern und dürsten, um dem gleich zu werden, den wir anbeten. Je mehr unsere Gedanken auf Christus gerichtet sind, desto mehr werden wir anderen von ihm erzählen und ihn in der Welt vertreten.

Die Bibel wurde nicht nur für Gelehrte geschrieben, sondern im Gegenteil für das einfache Volk. Die großen Wahrheiten, die für die Erlösung notwendig sind, sind so klar wie der Mittag; und niemand wird sich irren und vom Weg abkommen, außer denen, die ihrem eigenen Urteil folgen, anstatt dem klar offenbarten Willen Gottes.

Wir sollten nicht auf das Zeugnis irgendeines Menschen hören, was die Heilige Schrift lehrt, sondern die Worte Gottes selbst studieren. Wenn wir anderen erlauben, unser Denken zu übernehmen, werden wir verkrüppelte Energien und verkümmerte Fähigkeiten haben. Die edlen Kräfte des Verstandes können durch mangelnde Beschäftigung mit Themen, die ihrer Konzentration würdig sind, so sehr geschwächt werden, dass sie die Fähigkeit verlieren, die tiefe Bedeutung des Wortes Gottes zu erfassen. Der Verstand wird sich erweitern, wenn er damit beschäftigt ist, die Beziehungen zwischen den Themen der Bibel zu ergründen, Schrift mit Schrift und geistliche Dinge mit geistlichen zu vergleichen.

Nichts ist so geeignet, den Intellekt zu stärken, wie das Studium der Heiligen Schrift. Kein anderes Buch ist so stark, um die Gedanken zu erheben und den Fähigkeiten Kraft zu geben, wie die umfassenden, veredelnden Wahrheiten der Bibel. Wenn Gottes Wort so studiert würde, wie es sein sollte, hätten die Menschen eine Weite des Geistes, einen edlen Charakter und eine Stabilität der Ziele, wie man sie in unserer Zeit selten sieht.

Aber eine übereilte Lektüre der Heiligen Schrift bringt nur wenig Nutzen. Man kann die ganze Bibel durchlesen und dennoch ihre Schönheit nicht erkennen oder ihren tiefen und verborgenen Sinn nicht begreifen. Ein einziger Abschnitt, der so lange studiert wird, bis seine Bedeutung dem Verstand klar wird und seine Beziehung zum Heilsplan offenkundig ist, ist von größerem Wert als das Durchlesen vieler Kapitel, ohne dass man ein bestimmtes Ziel vor Augen hat und ohne dass man eine positive Unterweisung erhält. Behalten Sie Ihre Bibel bei sich. Lesen Sie sie bei jeder Gelegenheit; prägen Sie sich die Texte ein. Selbst wenn Sie auf der Straße spazieren gehen, können Sie einen Abschnitt lesen und darüber meditieren und ihn so in Ihrem Gedächtnis verankern.

Ohne aufmerksames und betendes Studium können wir keine Weisheit erlangen. Einige Teile der Schrift sind in der Tat zu klar, um missverstanden zu werden, aber es gibt andere, deren Bedeutung nicht auf den ersten Blick zu erkennen ist. Die Heilige Schrift muss mit der Heiligen Schrift verglichen werden. Man muss sorgfältig forschen und unter Gebet nachdenken. Und ein solches Studium wird reichlich belohnt werden. Wie der Bergmann unter der Erdoberfläche verborgene Adern kostbaren Metalls entdeckt, so wird derjenige, der das Wort Gottes beharrlich wie einen verborgenen Schatz durchsucht, Wahrheiten von höchstem Wert finden, die dem unvorsichtigen Sucher verborgen bleiben. Die Worte der Inspiration, die im Herzen erwogen werden, werden wie Ströme sein, die aus der Quelle des Lebens fließen.

Die Bibel sollte niemals ohne Gebet studiert werden. Bevor wir ihre Seiten aufschlagen, sollten wir um die Erleuchtung durch den Heiligen Geist bitten, und sie wird uns gegeben werden. Als Nathanael zu Jesus kam, rief der Heiland aus: "Siehe, ein wahrer Israelit, in dem keine Arglist ist!" Nathanael fragte: "Woher kennst du mich?" Jesus antwortete: "Ich habe dich gesehen, ehe Philippus dich rief, als du unter dem Feigenbaum warst." Johannes 1:47, 48. Und Jesus wird uns auch an den geheimen Orten des Gebets sehen, wenn wir ihn um Licht bitten, damit wir die Wahrheit erkennen. Engel aus der Welt des Lichts werden bei denen sein, die in Demut des Herzens um göttliche Führung bitten.

Der Heilige Geist erhebt und verherrlicht den Heiland. Es ist sein Amt, Christus darzustellen, die Reinheit seiner

Gerechtigkeit und die große Erlösung, die wir durch ihn haben. Jesus sagt: "Er wird von mir empfangen und wird es euch zeigen". Johannes 16:14. Der Geist der Wahrheit ist der einzige wirksame Lehrer der göttlichen Wahrheit. Wie hoch muss Gott das Menschengeschlecht schätzen, da er seinen Sohn gab, um für sie zu sterben, und seinen Geist zum Lehrer und ständigen Führer des Menschen bestimmt hat!

Kapitel 11—Das Privileg des Gebets

Durch die Natur und die Offenbarung, durch seine Vorsehung und durch den Einfluss seines Geistes spricht Gott zu uns. Aber das reicht nicht aus; wir müssen ihm auch unser Herz ausschütten. Um geistliches Leben und Energie zu haben, müssen wir eine echte Beziehung zu unserem himmlischen Vater haben. Wir können unsere Gedanken auf ihn richten, wir können über seine Werke, seine Barmherzigkeit und seine Segnungen nachdenken, aber das ist nicht im eigentlichen Sinne ein Gespräch mit ihm. Um mit Gott zu kommunizieren, müssen wir ihm etwas zu sagen haben, was unser tatsächliches Leben betrifft.

Das Gebet ist die Öffnung des Herzens für Gott wie für einen Freund. Es ist nicht notwendig, um Gott mitzuteilen, was wir sind, sondern um uns zu befähigen, ihn zu empfangen. Das Gebet bringt Gott nicht zu uns hinunter, sondern bringt uns zu ihm hinauf.

Als Jesus auf der Erde war, lehrte er seine Jünger, wie man betet. Er wies sie an, ihre täglichen Bedürfnisse vor Gott zu bringen und alle ihre Sorgen auf ihn zu werfen. Und die Gewissheit, die er ihnen gab, dass ihre Bitten erhört werden würden, ist auch für uns eine Gewissheit.

Jesus selbst war, als Er unter den Menschen weilte, oft im Gebet. Unser Erlöser identifizierte sich mit unseren Nöten und unserer Schwäche, indem er zum Bittsteller wurde, der seinen Vater um neue Kraftzufuhr bat, damit er gestärkt aus den Aufgaben und Prüfungen hervorging. Er ist unser Vorbild in allen Dingen. Er ist ein Bruder in unseren Schwachheiten, "in allen Punkten versucht wie wir"; aber als der Sündlose schreckte seine Natur vor dem Bösen zurück; er ertrug Kämpfe und Seelenqualen in einer Welt der Sünde. Seine Menschlichkeit machte das Gebet zu einer Notwendigkeit und zu einem Privileg. Er fand Trost und Freude in der Gemeinschaft mit seinem Vater. Und wenn der Erlöser der Menschen, der Sohn Gottes, das Bedürfnis nach Gebet verspürte, wie viel mehr sollten schwache, sündige Sterbliche die Notwendigkeit eines inbrünstigen, beständigen Gebets spüren.

Unser himmlischer Vater wartet darauf, uns mit der Fülle seines Segens zu beschenken. Es ist unser Vorrecht, aus der Quelle der grenzenlosen Liebe zu trinken. Welch ein Wunder ist es, dass wir so wenig beten! Gott ist bereit und willens, das aufrichtige Gebet des bescheidensten seiner Kinder zu erhören, und doch gibt es viel offenkundigen Widerwillen unsererseits, Gott unsere Bedürfnisse kundzutun. Was können die Engel des Himmels von den armen, hilflosen und der Versuchung unterworfenen Menschen denken, wenn Gottes Herz der unendlichen Liebe sich nach ihnen sehnt und bereit ist, ihnen mehr zu geben, als sie erbitten oder denken können, und sie doch so wenig beten und so wenig Glauben haben? Die Engel lieben es, sich vor Gott zu verneigen; sie lieben es, ihm nahe zu sein. Sie betrachten die Gemeinschaft mit Gott als ihre höchste Freude; und doch scheinen die Erdenkinder, die so sehr der Hilfe bedürfen, die nur Gott geben kann, damit zufrieden zu sein, ohne das Licht seines Geistes, ohne die Begleitung seiner Gegenwart zu leben.

Die Finsternis des Bösen umgibt diejenigen, die das Gebet vernachlässigen. Die geflüsterten Versuchungen des Feindes verführen sie zur Sünde; und das alles, weil sie von den Vorrechten, die Gott ihnen in der göttlichen Einsetzung des Gebets gegeben hat, keinen Gebrauch machen. Warum sollten die Söhne und Töchter Gottes zögern zu beten, wenn das Gebet der Schlüssel in der Hand des Glaubens ist, um das himmlische Lagerhaus aufzuschließen, in dem die grenzenlosen Ressourcen der Allmacht gehütet werden? Ohne unablässiges Gebet und eifriges Wachen besteht die Gefahr, dass wir nachlässig werden und vom rechten Weg abkommen. Der Widersacher versucht ständig, uns den Weg zum Gnadenstuhl zu versperren, damit wir nicht durch ernsthaftes Flehen und Glauben Gnade und Kraft erlangen, um der Versuchung zu widerstehen.

Es gibt bestimmte Voraussetzungen, unter denen wir erwarten können, dass Gott unsere Gebete erhört und beantwortet. Eine der ersten Voraussetzungen ist, dass wir spüren, dass wir seine Hilfe brauchen. Er hat versprochen: "Ich will Wasser gießen auf den, den da dürstet, und Fluten auf das Trockene. Jesaja 44,3. Diejenigen, die nach Gerechtigkeit hungern und dürsten, die sich nach Gott sehnen, können sicher sein, dass sie satt werden. Das Herz muss für den Einfluss des Geistes offen sein, sonst kann der Segen Gottes nicht empfangen werden.

Unsere große Not ist selbst ein Argument und plädiert sehr beredt für uns. Aber wir müssen den Herrn darum bitten, dass er diese Dinge für uns tut. Er sagt: "Bittet, so wird euch gegeben werden". Und "der seinen eigenen Sohn nicht verschont hat, sondern ihn für uns alle dahingegeben hat, wie sollte er uns mit ihm nicht auch alles schenken?" Matthäus 7,7; Römer 8,32.

Wenn wir in unserem Herzen Ungerechtigkeit sehen, wenn wir an einer bekannten Sünde festhalten, wird der Herr uns nicht erhören; aber das Gebet der reuigen, zerknirschten Seele wird immer angenommen. Wenn alle bekannten Ungerechtigkeiten berichtigt sind, dürfen wir glauben, dass Gott unsere Bitten erhört. Unser eigenes Verdienst wird uns niemals der Gunst Gottes empfehlen; es ist die Würdigkeit Jesu, die uns retten wird, sein Blut, das uns reinigen wird; dennoch haben wir eine Arbeit zu tun, um die Bedingungen der Annahme zu erfüllen.

Ein weiteres Element für ein erfolgreiches Gebet ist der Glaube. "Wer zu Gott kommt, muss glauben, dass er ist und dass er denen, die ihn fleißig suchen, ein Belohner ist. Hebräer 11:6. Jesus sagte zu seinen Jüngern: "Wenn ihr betet, so glaubt, dass ihr's empfanget, und ihr werdet's haben. Markus 11:24. Nehmen wir ihn beim Wort?

Die Gewissheit ist umfassend und unbegrenzt, und er ist treu, der versprochen hat. Wenn wir nicht genau das erhalten, worum wir gebeten haben, wenn wir darum bitten, sollen wir dennoch glauben, dass der Herr uns hört und unsere Gebete beantworten wird. Wir sind so irrend und kurzsichtig, dass wir manchmal um Dinge bitten, die uns nicht zum Segen gereichen würden, und unser himmlischer Vater in seiner Liebe beantwortet unsere Gebete, indem er uns das gibt, was zu unserem höchsten Wohle ist - das, was wir selbst wünschen würden, wenn wir mit einer göttlich erleuchteten Vision alle Dinge so sehen könnten, wie sie wirklich sind. Wenn unsere Gebete nicht erhört zu werden scheinen, sollen wir uns an die Verheißung klammern; denn die Zeit der Erhörung wird sicher kommen, und wir werden den Segen erhalten, den wir am meisten brauchen. Aber zu behaupten, dass ein Gebet immer genau auf die Art und Weise erhört wird, die wir uns wünschen, ist Anmaßung. Gott ist zu weise, um zu irren, und zu gut, um denen, die aufrichtig wandeln, etwas Gutes vorzuenthalten. Scheuen Sie sich also nicht, ihm zu vertrauen, auch wenn Sie die unmittelbare Antwort auf Ihre Gebete nicht sehen. Verlassen Sie sich auf sein sicheres Versprechen: "Bittet, so wird euch gegeben werden."

Wenn wir uns mit unseren Zweifeln und Ängsten beraten oder versuchen, alles zu lösen, was wir nicht klar sehen können, bevor wir Glauben haben, werden die Ratlosigkeiten nur zunehmen und sich vertiefen. Wenn wir aber zu Gott kommen, uns hilflos und abhängig fühlen, wie wir wirklich sind, und in demütigem, vertrauensvollem Glauben unsere Bedürfnisse demjenigen kundtun, dessen Wissen unendlich ist, der alles in der Schöpfung sieht und der alles durch seinen Willen und sein Wort regiert, kann und wird er sich unseres Rufes annehmen und Licht in unsere Herzen scheinen lassen. Durch aufrichtiges Gebet werden wir mit dem Geist des Unendlichen in Verbindung gebracht. Wir mögen keine bemerkenswerten Anzeichen dafür haben, dass sich das Antlitz unseres Erlösers in Mitgefühl und Liebe über uns beugt, aber das ist eben so. Wir mögen seine sichtbare Berührung nicht spüren, aber seine Hand liegt in Liebe und mitleidender Zärtlichkeit auf uns.

Wenn wir Gott um Gnade und Segen bitten, sollten wir in unserem eigenen Herzen einen Geist der Liebe und der Vergebung haben. Wie können wir beten: "Vergib uns unsere Schuld, wie auch wir vergeben unseren Schuldigern", und dennoch einem unversöhnlichen Geist frönen? Matthäus 6,12. Wenn wir erwarten, dass unsere eigenen Gebete erhört werden, müssen wir anderen in der gleichen Weise und in dem gleichen Maße vergeben, wie wir hoffen, dass uns vergeben wird.

Die Beharrlichkeit im Gebet ist eine Voraussetzung für den Empfang. Wir müssen immer beten, wenn wir im Glauben und in der Erfahrung wachsen wollen. Wir sollen "unablässig beten", "im Gebet verharren und in demselben mit Danksagung wachen". Römer 12,12; Kolosser 4,2. Petrus ermahnt die Gläubigen, "nüchtern zu sein und zu wachen im Gebet". 1 Petrus 4,7. Paulus weist darauf hin: "In allem lasst eure Bitten durch Gebet und Flehen mit Danksagung vor Gott kundwerden." Philipper 4,6. "Ihr aber, Geliebte", sagt Judas, "betet im Heiligen Geist und bewahrt euch in der Liebe Gottes." Judas 20, 21. Unaufhörliches Gebet ist die ununterbrochene Vereinigung der Seele mit Gott, so dass das Leben von Gott in unser Leben fließt; und von unserem Leben fließen Reinheit und Heiligkeit zu Gott zurück.

Es ist notwendig, im Gebet fleißig zu sein; lasst euch durch nichts aufhalten. Bemühe dich, die Verbindung zwischen Jesus und deiner Seele offen zu halten. Sucht jede Gelegenheit, dorthin zu gehen, wo man zu beten pflegt. Diejenigen, die wirklich die Gemeinschaft mit Gott suchen, werden in den Gebetsversammlungen zu sehen sein, treu, um ihre Pflicht zu tun, und ernsthaft und bestrebt, alle Vorteile zu ernten, die sie gewinnen können. Sie werden jede Gelegenheit nutzen, sich dorthin zu begeben, wo sie die Lichtstrahlen des Himmels empfangen können.

Wir sollten im Kreis der Familie beten, und vor allem dürfen wir das geheime Gebet nicht vernachlässigen, denn es ist das Leben der Seele. Es ist unmöglich, dass die Seele aufblüht, wenn das Gebet vernachlässigt wird. Das familiäre oder öffentliche Gebet allein reicht nicht aus. In der Einsamkeit soll die Seele dem prüfenden Auge Gottes offenbart werden. Das geheime Gebet soll nur von dem betenden Gott gehört werden. Kein neugieriges Ohr soll die Last solcher Bitten aufnehmen. Im heimlichen Gebet ist die Seele frei von Einflüssen aus der Umgebung, frei von Aufregung. Ruhig und doch inbrünstig streckt sie sich nach Gott aus. Süß und beständig wird der Einfluss sein, der von dem ausgeht, der im Verborgenen sieht und dessen Ohr offen ist, um das Gebet zu hören, das aus dem Herzen kommt. Durch ruhigen, einfachen Glauben hält die Seele Gemeinschaft mit Gott und sammelt Strahlen göttlichen Lichts um sich, um sie im Kampf mit Satan zu stärken und zu erhalten. Gott ist unser Turm der Stärke.

Bete in deinem Kämmerlein, und wenn du deine tägliche Arbeit verrichtest, lass dein Herz oft zu Gott emporsteigen. So wandelte Henoch mit Gott. Diese stillen Gebete steigen wie kostbarer Weihrauch vor dem Thron der Gnade auf. Satan kann denjenigen nicht überwältigen, dessen Herz auf diese Weise auf Gott gerichtet ist.

Es gibt keine Zeit und keinen Ort, an dem es unangebracht wäre, eine Bitte an Gott zu richten. Es gibt nichts, was uns daran hindern könnte, unser Herz im Geiste des aufrichtigen Gebets zu erheben. Im Gedränge auf der Straße, inmitten einer geschäftlichen Verabredung können wir eine Bitte an Gott richten und um göttliche Führung bitten, wie es Nehemia tat, als er seine Bitte vor König Artaxerxes vortrug. Wir können überall, wo wir sind, einen Raum der Gemeinschaft finden. Wir sollten die Tür unseres Herzens ständig offen halten und unsere Einladung aussprechen, dass Jesus kommen und als himmlischer Gast in unserer Seele bleiben möge.

Auch wenn wir von einer verdorbenen Atmosphäre umgeben sind, müssen wir deren Miasma nicht einatmen, sondern können in der reinen Luft des Himmels leben. Wir können jede Tür zu unreinen Vorstellungen und unheiligen Gedanken schließen, indem wir die Seele durch aufrichtiges Gebet in die Gegenwart Gottes erheben. Diejenigen, deren Herzen offen sind, um die Unterstützung und den Segen Gottes zu empfangen, werden in einer heiligeren Atmosphäre als der irdischen leben und in ständiger Verbindung mit dem Himmel stehen.

Wir brauchen eine klarere Sicht von Jesus und ein umfassenderes Verständnis für den Wert der ewigen Realitäten. Die Schönheit der Heiligkeit soll die Herzen der Kinder Gottes erfüllen; und damit dies erreicht werden kann, sollten wir nach göttlichen Offenbarungen der himmlischen Dinge suchen.

Die Seele soll nach außen und nach oben gezogen werden, damit Gott uns einen Hauch der himmlischen Atmosphäre gewährt. Wir mögen Gott so nahe sein, dass sich unsere Gedanken in jeder unerwarteten Prüfung so natürlich zu ihm wenden, wie sich die Blume zur Sonne wendet.

Halten Sie Ihre Wünsche, Ihre Freuden, Ihre Sorgen und Ihre Ängste vor Gott. Ihr könnt Ihn nicht belasten; ihr könnt Ihn nicht ermüden. Er, der die Haare auf deinem Kopf zählt, ist nicht gleichgültig gegenüber den Bedürfnissen seiner Kinder. "Der Herr ist sehr barmherzig und von großer Gnade". Jakobus 5:11. Sein Herz der Liebe wird von unseren Sorgen berührt und sogar von unseren Äußerungen darüber. Bringt alles zu ihm, was euch bedrückt. Nichts ist für Ihn zu groß, um es zu ertragen, denn Er hält Welten aufrecht, Er herrscht über alle Angelegenheiten des Universums. Nichts, was in irgendeiner Weise unseren Frieden betrifft, ist für Ihn zu klein, um es zu bemerken. Kein Kapitel unserer Erfahrung ist zu dunkel, als dass Er es nicht lesen könnte; keine Verwirrung ist zu schwierig für Ihn, um sie zu entwirren. Kein Unglück kann den Geringsten Seiner Kinder treffen, keine Sorge die Seele quälen, keine Freude jubeln, kein aufrichtiges Gebet den Lippen entweichen, von dem unser himmlischer Vater nichts mitbekommt oder an dem Er kein unmittelbares Interesse hat. "Er heilt die, die zerbrochenen Herzens sind, und verbindet ihre Wunden. Psalm 147:3. Die Beziehungen zwischen Gott und jeder Seele sind so deutlich und umfassend, als gäbe es keine andere Seele auf der Erde, die seine Fürsorge teilt, keine andere Seele, für die er seinen geliebten Sohn gegeben hat.

Jesus sagte: "Ihr werdet in meinem Namen bitten; und ich sage euch nicht, dass ich den Vater für euch bitten werde; denn der Vater selbst hat euch lieb." "Ich habe euch auserwählt, ... damit, was immer ihr den Vater in meinem Namen bitten werdet, er es euch gebe." Johannes 16:26, 27; 15:16. Aber im Namen Jesu zu beten ist mehr als die bloße Erwähnung dieses Namens am Anfang und am Ende eines Gebetes. Es bedeutet, im Geist und in der Gesinnung Jesu zu beten, während wir seinen Verheißungen glauben, uns auf seine Gnade verlassen und seine Werke wirken.

Gott meint nicht, dass jemand von uns Einsiedler oder Mönche werden und sich von der Welt zurückziehen soll, um sich den gottesdienstlichen Handlungen zu widmen. Das Leben muss wie das Leben Christi sein - zwischen dem Berg und der Menschenmenge. Wer nichts anderes tut als beten, wird bald aufhören zu beten, oder seine Gebete werden zu einer formalen Routine. Wenn die Menschen sich aus dem gesellschaftlichen Leben, aus dem Bereich der christlichen Pflicht und des Kreuztragens herausnehmen, wenn sie aufhören, ernsthaft für den Meister zu arbeiten, der ernsthaft für sie gearbeitet hat, verlieren sie den Gegenstand des Gebets und haben keinen Anreiz zur Hingabe. Ihre Gebete werden persönlich und egoistisch. Sie können nicht für die Bedürfnisse der Menschheit oder den Aufbau des Reiches Christi beten und um Kraft für ihre Arbeit bitten.

Wir erleiden einen Verlust, wenn wir das Vorrecht vernachlässigen, zusammenzukommen, um uns gegenseitig im Dienst Gottes zu stärken und zu ermutigen. Die Wahrheiten seines Wortes verlieren in unserem Geist ihre Lebendigkeit und Bedeutung. Unsere Herzen hören auf, durch ihren heiligenden Einfluss erleuchtet und erregt zu werden, und wir nehmen an Geistlichkeit ab. In unserer Gemeinschaft als Christen verlieren wir viel durch den Mangel an Sympathie füreinander. Wer sich in sich selbst verschließt, füllt nicht die Position aus, die er nach Gottes Willen einnehmen sollte. Die richtige Kultivierung der sozialen Elemente in unserer Natur bringt uns in Sympathie mit anderen und ist ein Mittel zur Entwicklung und Stärkung im Dienst für Gott.

Wenn Christen zusammenkommen würden, um einander von der Liebe Gottes und den kostbaren Wahrheiten der Erlösung zu erzählen, würden ihre eigenen Herzen erfrischt werden und sie würden sich gegenseitig erfrischen. Vielleicht lernen wir täglich mehr von unserem himmlischen Vater, machen eine neue Erfahrung seiner Gnade; dann werden wir den Wunsch haben, von seiner Liebe zu sprechen; und wenn wir das tun, werden unsere eigenen Herzen erwärmt und ermutigt. Wenn wir mehr an Jesus denken und von ihm reden würden und weniger von uns selbst, dann würden wir viel mehr von seiner Gegenwart erfahren.

Wenn wir nur so oft an Gott denken würden, wie wir Beweise für seine Fürsorge für uns haben, würden wir ihn immer in unseren Gedanken behalten und uns freuen, von ihm zu sprechen und ihn zu loben. Wir sprechen von zeitlichen Dingen, weil wir ein Interesse an ihnen haben. Wir sprechen von unseren Freunden, weil wir sie lieben; unsere Freuden und unser Leid sind mit ihnen verbunden. Doch wir haben unendlich viel mehr Grund, Gott zu lieben als unsere irdischen Freunde; es sollte die natürlichste Sache der Welt sein, ihn in all unseren Gedanken an die erste Stelle zu setzen, von seiner Güte zu sprechen und von seiner Macht zu erzählen. Die reichen Gaben, die er uns geschenkt hat, sollen nicht unsere Gedanken und unsere Liebe so sehr absorbieren, dass wir nichts mehr haben, um Gott zu geben; sie sollen uns ständig an ihn erinnern und uns in Banden der Liebe und Dankbarkeit an unseren himmlischen Wohltäter binden. Wir wohnen zu nahe bei den Niederungen der Erde. Richten wir unsere Augen auf die offene Tür des Heiligtums im Himmel, wo das Licht der Herrlichkeit Gottes im Antlitz Christi leuchtet, der auch fähig ist, alle zu retten, die durch ihn zu Gott kommen. Hebräer 7,25.

Wir müssen Gott mehr loben "für seine Güte und für seine wunderbaren Werke an den Menschenkindern". Psalm 107:8. Unsere Andachtsübungen sollten nicht nur im Bitten und Empfangen bestehen. Wir sollten nicht immer an unsere Bedürfnisse denken und nie an die Wohltaten, die wir erhalten. Wir beten nicht zu viel, aber wir sind zu sparsam mit dem Danken. Wir sind die ständigen Empfänger der Barmherzigkeit Gottes, und doch drücken wir so wenig Dankbarkeit aus, so wenig preisen wir ihn für das, was er für uns getan hat.

Vor langer Zeit gebot der Herr Israel, wenn sie sich zu seinem Dienst versammelten: "Ihr sollt essen vor dem Herrn, eurem Gott, und euch freuen über alles, was ihr in die Hand nehmt, ihr und eure Haushalte, worin der Herr, euer Gott, euch gesegnet hat." Deuteronomium 12:7. Was zur Ehre Gottes getan wird, soll mit Freude, mit Lobgesang und Dank getan werden, nicht mit Traurigkeit und Trübsal.

Unser Gott ist ein zärtlicher, barmherziger Vater. Sein Dienst sollte nicht als eine herzzerreißende, quälende Aufgabe betrachtet werden. Es sollte eine Freude sein, den Herrn anzubeten und an seinem Werk teilzunehmen. Gott möchte nicht, dass seine Kinder, für die eine so große Errettung vorgesehen ist, sich so verhalten, als wäre er ein harter, strenger Zuchtmeister. Er ist ihr bester Freund; und wenn sie ihn anbeten, erwartet er, bei ihnen zu sein, sie zu segnen und zu trösten und ihre Herzen mit Freude und Liebe zu erfüllen. Der Herr wünscht sich, dass seine Kinder in seinem Dienst Trost finden und dass seine Arbeit ihnen mehr Freude als Mühe bereitet. Er wünscht, dass diejenigen, die kommen, um ihn anzubeten, kostbare Gedanken an seine Fürsorge und Liebe mitnehmen, dass sie in allen Aufgaben des täglichen Lebens ermutigt werden, dass sie die Gnade haben, in allen Dingen ehrlich und treu zu handeln.

Wir müssen uns um das Kreuz versammeln. Christus und der Gekreuzigte sollten das Thema der Betrachtung, des Gesprächs und unserer freudigsten Gefühle sein. Wir sollten jeden Segen, den wir von Gott erhalten, in unseren Gedanken behalten, und wenn wir seine große Liebe erkennen, sollten wir bereit sein, alles der Hand anzuvertrauen, die für uns ans Kreuz genagelt wurde.

Die Seele kann auf den Flügeln des Lobes dem Himmel näher kommen. Gott wird in den himmlischen Höfen mit Gesang und Musik angebetet, und wenn wir unsere Dankbarkeit zum Ausdruck bringen, nähern wir uns der

Anbetung der himmlischen Heerscharen. "Wer Lob darbringt, verherrlicht Gott. Psalm 50:23. Lasst uns mit ehrfürchtiger Freude vor unseren Schöpfer treten, mit "Dank und melodischem Gesang". Jesaja 51,3.

Kapitel 12 —Was man mit Zweifeln tun kann

Viele, vor allem die jungen Christen, werden manchmal von skeptischen Gedanken geplagt. Es gibt in der Bibel viele Dinge, die sie nicht erklären oder gar verstehen können, und Satan setzt diese ein, um ihren Glauben an die Heilige Schrift als Offenbarung Gottes zu erschüttern. Sie fragen: "Wie soll ich den richtigen Weg erkennen? Wenn die Bibel tatsächlich das Wort Gottes ist, wie kann ich dann von diesen Zweifeln und Verwirrungen befreit werden?"

Gott fordert uns niemals zum Glauben auf, ohne uns ausreichende Beweise zu geben, auf die wir unseren Glauben stützen können. Seine Existenz, sein Charakter, die Wahrhaftigkeit seines Wortes - all das wird durch Zeugnisse belegt, die an unsere Vernunft appellieren, und diese Zeugnisse sind reichlich vorhanden. Dennoch hat Gott nie die Möglichkeit des Zweifels beseitigt. Unser Glaube muss auf Beweisen beruhen, nicht auf Demonstrationen. Diejenigen, die zweifeln wollen, werden Gelegenheit dazu haben, während diejenigen, die wirklich die Wahrheit wissen wollen, eine Fülle von Beweisen finden werden, auf die sie ihren Glauben stützen können.

Es ist für den endlichen Verstand unmöglich, den Charakter oder die Werke des Unendlichen vollständig zu begreifen. Für den schärfsten Intellekt, den am besten ausgebildeten Verstand, muss dieses heilige Wesen immer in ein Geheimnis gehüllt bleiben. "Kannst du Gott erforschen? Kannst du den Allmächtigen bis zur Vollkommenheit erforschen? Er ist so hoch wie der Himmel; was kannst du tun? tiefer als die Hölle; was kannst du wissen?" Hiob 11:7, 8.

Der Apostel Paulus ruft aus: "O wie groß ist der Reichtum der Weisheit und der Erkenntnis Gottes, wie unerforschlich sind seine Gerichte und seine Wege, die man nicht ergründen kann! Römer 11,33. Aber obwohl "Wolken und Finsternis um ihn sind", "sind Gerechtigkeit und Gericht die Grundlage seines Thrones". Psalm 97:2, R.V. Wir können Sein Handeln mit uns und die Motive, die Ihn antreiben, so weit verstehen, dass wir grenzenlose Liebe und Barmherzigkeit in Verbindung mit unendlicher Macht erkennen können. Wir können so viel von seinen Absichten verstehen, wie es für uns gut ist, sie zu kennen; und darüber hinaus müssen wir immer noch der Hand vertrauen, die allmächtig ist, dem Herzen, das voller Liebe ist.

Das Wort Gottes, wie auch der Charakter seines göttlichen Autors, enthält Geheimnisse, die von endlichen Wesen niemals vollständig verstanden werden können. Der Eintritt der Sünde in die Welt, die Menschwerdung Christi, die Wiedergeburt, die Auferstehung und viele andere Themen, die in der Bibel behandelt werden, sind Geheimnisse, die für den menschlichen Verstand zu tief sind, um sie zu erklären oder auch nur vollständig zu begreifen. Aber wir haben keinen Grund, an Gottes Wort zu zweifeln, weil wir die Geheimnisse seiner Vorsehung nicht verstehen können. In der natürlichen Welt sind wir ständig von Geheimnissen umgeben, die wir nicht ergründen können. Die einfachsten Formen des Lebens stellen uns vor ein Problem, das der weiseste Philosoph nicht erklären kann. Überall gibt es Wunder, die wir nicht begreifen können. Sollte es uns dann überraschen, wenn wir feststellen, dass es auch in der geistigen Welt Geheimnisse gibt, die wir nicht ergründen können? Die Schwierigkeit liegt allein in der

Schwäche und Beschränktheit des menschlichen Verstandes. Gott hat uns in der Heiligen Schrift genügend Beweise für ihren göttlichen Charakter gegeben, und wir sollen nicht an seinem Wort zweifeln, weil wir nicht alle Geheimnisse seiner Vorsehung verstehen können.

Der Apostel Petrus sagt, dass es in der Schrift "Dinge gibt, die schwer zu verstehen sind, die die Ungelehrten und Unbeständigen verdrehen ... zu ihrem eigenen Verderben". 2 Petrus 3:16. Die Schwierigkeiten der Schrift sind von Skeptikern als Argument gegen die Bibel angeführt worden; sie sind aber keineswegs ein starker Beweis für ihre göttliche Inspiration. Wenn sie nur das enthielte, was wir leicht begreifen können, wenn seine Größe und Majestät von einem endlichen Verstand erfasst werden könnte, dann würde die Bibel nicht die untrüglichen Beweise göttlicher Autorität tragen. Gerade die Größe und das Geheimnis der dargestellten Themen sollten den Glauben an sie als das Wort Gottes wecken.

Die Bibel entfaltet die Wahrheit mit einer Einfachheit und einer vollkommenen Anpassung an die Bedürfnisse und Sehnsüchte des menschlichen Herzens, die die am höchsten kultivierten Geister in Erstaunen versetzt und bezaubert hat, während sie die bescheidensten und ungebildetsten Menschen befähigt, den Weg des Heils zu erkennen. Und doch berühren diese einfach formulierten Wahrheiten Themen, die so erhaben, so weitreichend, so unendlich jenseits des menschlichen Fassungsvermögens liegen, dass wir sie nur annehmen können, weil Gott sie verkündet hat. So wird uns der Plan der Erlösung offengelegt, so dass jede Seele die Schritte erkennen kann, die sie in der Reue zu Gott und im Glauben an unseren Herrn Jesus Christus tun soll, um auf dem von Gott bestimmten Weg gerettet zu werden; doch unter diesen so leicht zu verstehenden Wahrheiten liegen Geheimnisse, die die Verborgenheit seiner Herrlichkeit sind - Geheimnisse, die den Verstand in seiner Forschung überwältigen, doch den aufrichtig nach der Wahrheit Suchenden mit Ehrfurcht und Glauben inspirieren. Je mehr er in der Bibel forscht, desto tiefer wird seine Überzeugung, dass sie das Wort des lebendigen Gottes ist, und die menschliche Vernunft beugt sich vor der Majestät der göttlichen Offenbarung.

Das Eingeständnis, dass wir die großen Wahrheiten der Bibel nicht vollständig begreifen können, bedeutet lediglich, dass der endliche Verstand nicht ausreicht, um das Unendliche zu erfassen; dass der Mensch mit seinem begrenzten, menschlichen Wissen die Ziele der Allwissenheit nicht verstehen kann.

Skeptiker und Ungläubige lehnen das Wort Gottes ab, weil sie nicht alle seine Geheimnisse ergründen können; und nicht alle, die sich zum Glauben an die Bibel bekennen, sind in diesem Punkt frei von Gefahr. Der Apostel sagt: "Seid auf der Hut, Brüder, dass nicht jemand in euch ein böses Herz des Unglaubens hat und von dem lebendigen Gott abfällt." Hebräer 3:12. Es ist richtig, die Lehren der Bibel genau zu studieren und "die tiefen Dinge Gottes" zu erforschen, soweit sie in der Heiligen Schrift offenbart sind. 1 Korinther 2,10. Während "das Verborgene dem Herrn, unserem Gott, gehört", "gehört das Offenbarte uns". Deuteronomium 29,29. Aber es ist das Werk Satans, die forschenden Kräfte des Verstandes zu verdrehen. Ein gewisser Stolz mischt sich mit der Betrachtung der biblischen Wahrheit, so dass die Menschen sich ungeduldig und besiegt fühlen, wenn sie nicht jeden Teil der

Schrift zu ihrer Zufriedenheit erklären können. Es ist zu demütigend für sie, zuzugeben, dass sie die inspirierten Worte nicht verstehen. Sie sind nicht bereit, geduldig zu warten, bis Gott es für richtig hält, ihnen die Wahrheit zu offenbaren. Sie glauben, dass ihre menschliche Weisheit ausreicht, um die Heilige Schrift zu verstehen, und da ihnen dies nicht gelingt, leugnen sie praktisch ihre Autorität. Es stimmt, dass viele Theorien und Lehren, von denen man annimmt, dass sie sich aus der Bibel ableiten lassen, keine Grundlage in ihrer Lehre haben und in der Tat im Widerspruch zum gesamten Tenor der Inspiration stehen. Diese Dinge haben in vielen Köpfen Zweifel und Verwirrung ausgelöst. Sie sind jedoch nicht dem Wort Gottes anzulasten, sondern der Verdrehung des Wortes durch den Menschen.

Wenn es den geschaffenen Wesen möglich wäre, Gott und seine Werke vollständig zu verstehen, dann gäbe es für sie, nachdem sie diesen Punkt erreicht haben, keine weitere Entdeckung der Wahrheit, keinen Zuwachs an Wissen, keine weitere Entwicklung des Geistes oder des Herzens. Gott wäre nicht mehr der Höchste, und der Mensch würde aufhören, sich weiterzuentwickeln, da er die Grenze seines Wissens und seiner Fähigkeiten erreicht hat. Danken wir Gott, dass es nicht so ist. Gott ist unendlich; in ihm sind "alle Schätze der Weisheit und der Erkenntnis". Kolosser 2,3. Und bis in alle Ewigkeit mögen die Menschen immer weiter suchen, immer weiter lernen und doch niemals die Schätze seiner Weisheit, seiner Güte und seiner Macht erschöpfen.

Gott beabsichtigt, dass sich die Wahrheiten seines Wortes seinem Volk auch in diesem Leben immer wieder offenbaren. Es gibt nur einen Weg, auf dem diese Erkenntnis erlangt werden kann. Wir können nur durch die Erleuchtung des

Geistes, durch den das Wort gegeben wurde, zum Verständnis von Gottes Wort gelangen. "Was in Gott ist, weiß niemand außer dem Geist Gottes", "denn der Geist erforscht alles, auch die Tiefen Gottes". 1 Korinther 2:11, 10. Und die Verheißung des Heilands an seine Jünger war: "Wenn er, der Geist der Wahrheit, gekommen ist, wird er euch in alle Wahrheit leiten.... Denn er wird von mir empfangen und wird sie euch zeigen." Johannes 16:13, 14.

Gott will, dass der Mensch seine Vernunft übt, und das Studium der Bibel wird den Geist stärken und erheben wie kein anderes Studium es kann. Dennoch müssen wir uns davor hüten, die Vernunft zu vergöttern, die der Schwäche und Gebrechlichkeit des Menschen unterworfen ist. Wenn wir nicht wollen, dass die Heilige Schrift unser Verständnis trübt, so dass die klarsten Wahrheiten nicht verstanden werden, müssen wir die Einfachheit und den Glauben eines kleinen Kindes haben, das bereit ist zu lernen und die Hilfe des Heiligen Geistes anfleht. Ein Gefühl für die Macht und Weisheit Gottes und für unsere Unfähigkeit, seine Größe zu begreifen, sollte uns mit Demut erfüllen, und wir sollten sein Wort mit heiliger Ehrfurcht öffnen, so wie wir in seine Gegenwart eintreten würden. Wenn wir zur Bibel kommen, muss die Vernunft eine Autorität anerkennen, die über ihr steht, und Herz und Verstand müssen sich vor dem großen ICH BIN beugen.

Es gibt viele Dinge, die scheinbar schwierig oder unverständlich sind, die Gott denen, die sie zu verstehen suchen, klar und einfach machen wird. Aber ohne die Führung des Heiligen Geistes werden wir immer wieder dazu neigen, die Heilige Schrift zu verdrehen oder falsch auszulegen. Vieles, was wir in der Bibel lesen, ist nutzlos und in vielen Fällen sogar schädlich. Wenn das Wort Gottes ohne Ehrfurcht und ohne Gebet geöffnet wird, wenn die Gedanken und Gefühle nicht auf Gott gerichtet sind oder mit seinem Willen übereinstimmen, wird der Verstand von Zweifeln getrübt, und schon beim Bibelstudium wird die Skepsis stärker. Der Feind übernimmt die Kontrolle über die Gedanken, und er schlägt Interpretationen vor, die nicht richtig sind. Wenn Menschen nicht in Wort und Tat danach streben, mit Gott in Einklang zu sein, dann sind sie, wie gelehrt sie auch sein mögen, anfällig für Irrtümer in ihrem Verständnis der Heiligen Schrift, und es ist nicht sicher, ihren Erklärungen zu vertrauen. Diejenigen, die in der Heiligen Schrift nach Unstimmigkeiten suchen, haben keine geistliche Einsicht. Mit verzerrter Sicht werden sie viele Gründe für Zweifel und Unglauben in Dingen sehen, die eigentlich klar und einfach sind.

Man mag es verbergen, wie man will, aber der wahre Grund für Zweifel und Skepsis ist in den meisten Fällen die Liebe zur Sünde. Die Lehren und Einschränkungen des Wortes Gottes sind für das stolze, sündenliebende Herz nicht willkommen, und diejenigen, die nicht bereit sind, seine Anforderungen zu befolgen, sind bereit, seine Autorität anzuzweifeln. Um zur Wahrheit zu gelangen, müssen wir ein aufrichtiges Verlangen haben, die Wahrheit zu erkennen, und die Bereitschaft des Herzens, ihr zu gehorchen. Und alle, die in diesem Geist zum Studium der Bibel kommen, werden reichlich Beweise dafür finden, dass sie Gottes Wort ist, und sie können ein Verständnis ihrer Wahrheiten erlangen, das sie weise zum Heil machen wird.

Christus hat gesagt: "Wenn jemand seinen Willen tun will, so wird er die Lehre erkennen. Johannes 7:17, R.V. Anstatt zu hinterfragen und zu nörgeln über das, was du nicht verstehst, achte auf das Licht, das bereits auf dich scheint, und du wirst ein größeres Licht erhalten. Erfülle durch die Gnade Christi jede Pflicht, die deinem Verständnis deutlich gemacht wurde, und du wirst befähigt werden, diejenigen zu verstehen und zu erfüllen, an denen du jetzt zweifelst.

Es gibt einen Beweis, der allen offensteht - den am höchsten Gebildeten und den am wenigsten Gebildeten -, den Beweis der Erfahrung. Gott lädt uns ein, die Realität seines Wortes, die Wahrheit seiner Verheißungen mit eigenen Augen zu sehen. Er fordert uns auf, "zu schmecken und zu sehen, dass der Herr gut ist". Psalm 34:8. Anstatt uns auf das Wort eines anderen zu verlassen, sollen wir selbst probieren. Er erklärt: "Bittet, so werdet ihr empfangen." Johannes 16:24. Seine Verheißungen werden sich erfüllen. Sie haben nie versagt und können nie versagen. Und wenn wir uns Jesus nähern und uns an der Fülle seiner Liebe erfreuen, werden unsere Zweifel und unsere Dunkelheit im Licht seiner Gegenwart verschwinden.

Der Apostel Paulus sagt, dass Gott "uns von der Macht der Finsternis befreit und uns in das Reich seines lieben Sohnes versetzt hat". Kolosser 1,13. Und jeder, der aus dem Tod in das Leben übergegangen ist, kann "versiegeln, dass Gott wahrhaftig ist". Johannes 3,33. Er kann bezeugen: "Ich brauchte Hilfe, und ich fand sie in Jesus. Jeder Mangel wurde gestillt, der Hunger meiner Seele wurde gestillt; und nun ist die Bibel für mich die Offenbarung Jesu Christi. Fragen Sie, warum ich an Jesus glaube? Weil er für mich ein göttlicher Erlöser ist. Warum glaube ich an die Bibel? Weil ich sie als die Stimme Gottes zu meiner Seele empfunden habe". Wir haben vielleicht das Zeugnis in uns selbst, dass die Bibel wahr ist, dass Christus der Sohn Gottes ist. Wir wissen, dass wir keinen ausgeklügelten Fabeln folgen.

Petrus ermahnt seine Brüder, "zu wachsen in der Gnade und in der Erkenntnis unseres Herrn und Heilands Jesus Christus". 2 Petrus 3:18. Wenn das Volk Gottes in der Gnade wächst, wird es ständig ein klareres Verständnis seines Wortes erlangen. Sie werden neues Licht und neue Schönheit in seinen heiligen Wahrheiten erkennen. Das war in der Geschichte der Kirche in allen Zeitaltern so, und so wird es auch bis zum Ende bleiben. "Der Weg der Gerechten ist wie das Licht der Morgenröte, das immer mehr leuchtet bis zum vollkommenen Tag. Sprüche 4:18, R.V., Rand.

Durch den Glauben dürfen wir auf das Jenseits blicken und das Versprechen Gottes für ein Wachstum des Verstandes ergreifen, wobei sich die menschlichen Fähigkeiten mit den göttlichen vereinen und jede Kraft der Seele in direkten Kontakt mit der Quelle des Lichts gebracht wird. Wir dürfen uns freuen, dass alles, was uns in den Vorsehung Gottes verwirrt hat, dann klar wird, dass Dinge, die schwer zu verstehen sind, dann eine Erklärung finden werden; und wo unser endlicher Verstand nur Verwirrung und zerbrochene Absichten entdeckt hat, werden wir die vollkommenste und schönste Harmonie sehen. "Jetzt sehen wir durch ein dunkles Glas, dann aber von Angesicht zu Angesicht; jetzt erkenne ich nur zum Teil, dann aber werde ich erkennen, wie auch ich erkannt werde. 1 Korinther 13:12.

Kapitel 13—Jubel im Herrn

Die Kinder Gottes sind dazu berufen, Vertreter Christi zu sein und die Güte und Barmherzigkeit des Herrn zu zeigen. Wie Jesus uns den wahren Charakter des Vaters offenbart hat, so sollen wir Christus einer Welt offenbaren, die seine zärtliche und barmherzige Liebe nicht kennt. "Wie du mich in die Welt gesandt hast", sagte Jesus, "so habe auch ich sie in die Welt gesandt". "Ich in ihnen, und du in mir, ... damit die Welt erkenne, dass du mich gesandt hast. Johannes 17:18, 23. Der Apostel Paulus sagt zu den Jüngern Jesu: "Ihr seid offenkundig der Brief Christi", "bekannt und gelesen von allen Menschen". 2 Korinther 3:3, 2. In jedem seiner Kinder sendet Jesus einen Brief an die Welt. Wenn Sie ein Nachfolger Christi sind, sendet er in Ihnen einen Brief an die Familie, das Dorf, die Straße, in der Sie leben. Jesus, der in dir wohnt, möchte zu den Herzen derer sprechen, die ihn nicht kennen. Vielleicht lesen sie die Bibel nicht, oder sie hören die Stimme nicht, die auf ihren Seiten zu ihnen spricht; sie sehen nicht die Liebe Gottes durch seine Werke. Aber wenn du ein wahrer Vertreter Jesu bist, kann es sein, dass sie durch dich etwas von seiner Güte verstehen und gewonnen werden, ihn zu lieben und ihm zu dienen.

Christen sind als Lichtträger auf dem Weg zum Himmel gesetzt. Sie sollen der Welt das Licht widerspiegeln, das von Christus auf sie scheint. Ihr Leben und ihr Charakter sollten so sein, dass andere durch sie eine richtige Vorstellung von Christus und seinem Dienst bekommen.

Wenn wir Christus repräsentieren, werden wir seinen Dienst so attraktiv erscheinen lassen, wie er wirklich ist. Christen, die Trübsal und Traurigkeit in ihrer Seele sammeln, die murren und klagen, geben anderen ein falsches Bild von Gott und dem christlichen Leben. Sie erwecken den Eindruck, dass es Gott nicht gefällt, wenn seine Kinder glücklich sind, und damit legen sie ein falsches Zeugnis gegen unseren himmlischen Vater ab.

Satan freut sich, wenn er die Kinder Gottes in Unglauben und Verzagtheit verführen kann. Er freut sich, wenn wir Gott mißtrauen und an seiner Bereitschaft und Macht, uns zu retten, zweifeln. Er liebt es, uns spüren zu lassen, dass der Herr uns durch seine Vorsehung Schaden zufügen wird. Es ist das Werk Satans, den Herrn als einen Menschen darzustellen, dem es an Mitgefühl und Erbarmen mangelt. Er stellt die Wahrheit in Bezug auf Ihn falsch dar. Er füllt die Vorstellungskraft mit falschen Vorstellungen über Gott; und statt uns auf die Wahrheit über unseren himmlischen Vater zu besinnen, richten wir unsere Gedanken allzu oft auf die falschen Darstellungen Satans und entehren Gott, indem wir ihm misstrauen und gegen ihn murren. Satan versucht immer, das religiöse Leben düster erscheinen zu lassen. Er möchte, dass es mühsam und schwierig erscheint; und wenn der Christ in seinem eigenen Leben diese Sicht der Religion vertritt, unterstützt er durch seinen Unglauben die Falschheit Satans.

Viele, die auf dem Weg des Lebens wandeln, denken über ihre Fehler, ihr Versagen und ihre Enttäuschungen nach, und ihre Herzen sind mit Kummer und Entmutigung erfüllt. Als ich in Europa war, schrieb mir eine Schwester, der es so ergangen war und die in tiefer Not war, und bat mich um ein Wort der Ermutigung. In der Nacht, nachdem ich ihren Brief gelesen hatte, träumte ich, dass ich mich in einem Garten befand, und jemand, der der Besitzer des Gartens zu sein schien, führte mich durch seine Wege. Ich pflückte die Blumen und erfreute mich an ihrem Duft, als diese Schwester, die an meiner Seite ging, mich auf einige unansehnliche Sträucher aufmerksam machte, die ihren Weg versperrten. Sie trauerte und beklagte sich. Sie ging nicht auf dem Weg und folgte nicht dem Führer, sondern wandelte zwischen Dornen und Dornensträuchern. "Oh", jammerte sie, "ist es nicht schade, dass dieser schöne Garten mit Dornen verunstaltet ist?" Da sagte der Führer: "Lass die Dornen in Ruhe, denn sie verletzen dich nur. Sammle die Rosen, die Lilien und die Nelken."

Gab es nicht auch Lichtblicke in Ihrer Erfahrung? Hatten Sie nicht einige kostbare Zeiten, in denen Ihr Herz als Antwort auf den Geist Gottes vor Freude pochte? Wenn Sie auf die Kapitel Ihrer Lebenserfahrung zurückblicken, finden Sie dann nicht auch einige schöne Seiten? Wachsen die Verheißungen Gottes nicht wie duftende Blumen am Rande deines Weges? Willst du nicht, dass ihre Schönheit und Süße dein Herz mit Freude erfüllt?

Die Dornen und Sträucher werden dich nur verletzen und betrüben; und wenn du nur diese Dinge sammelst und sie anderen vorlegst, hinderst du dann nicht, abgesehen davon, dass du selbst die Güte Gottes vernachlässigst, die Menschen um dich herum daran, auf dem Weg des Lebens zu wandeln?

Es ist nicht klug, all die unangenehmen Erinnerungen an ein vergangenes Leben zu sammeln - seine Ungerechtigkeiten und Enttäuschungen -, darüber zu reden und zu trauern, bis wir von Entmutigung überwältigt werden. Eine entmutigte Seele ist von Dunkelheit erfüllt, die das Licht Gottes von der eigenen Seele verschließt und einen Schatten auf den Weg anderer wirft.

Danken wir Gott für die leuchtenden Bilder, die er uns geschenkt hat. Lasst uns die gesegneten Zusicherungen seiner Liebe zusammenfassen, damit wir sie immer wieder betrachten können: Der Sohn Gottes, der den Thron seines Vaters verlässt, der seine Göttlichkeit mit der Menschlichkeit bekleidet, um den Menschen aus der Macht Satans zu befreien; sein Triumph für uns, der den Menschen den Himmel öffnet, der dem menschlichen Blick den Raum der Gegenwart offenbart, in dem die Gottheit ihre Herrlichkeit enthüllt; das gefallene Geschlecht, das aus dem Abgrund des Verderbens, in den die Sünde es gestürzt hatte, emporgehoben und wieder mit dem unendlichen Gott in Verbindung gebracht wurde, und das, nachdem es durch den Glauben an unseren Erlöser die göttliche Prüfung bestanden hat, mit der Gerechtigkeit Christi bekleidet und auf seinen Thron erhoben wurde - das sind die Bilder, die Gott von uns sehen möchte.

Wenn wir an Gottes Liebe zu zweifeln scheinen und seinen Verheißungen misstrauen, entehren wir ihn und betrüben seinen Heiligen Geist. Wie würde sich eine Mutter fühlen, wenn ihre Kinder sich ständig über sie beklagten, so als ob sie es nicht gut mit ihnen meinte, obwohl ihr ganzes Leben darauf ausgerichtet war, ihre Interessen zu fördern und ihnen Trost zu spenden? Angenommen, sie würden an ihrer Liebe zweifeln; das würde ihr das Herz brechen. Wie würde sich ein Elternteil fühlen, wenn er von seinen Kindern so behandelt würde? Und wie kann unser himmlischer Vater uns betrachten, wenn wir seiner Liebe misstrauen, die ihn dazu gebracht hat, seinen eingeborenen Sohn zu geben, damit wir das Leben haben? Der Apostel schreibt: "Der seinen eigenen

Sohn nicht verschont hat, sondern ihn für uns alle dahingegeben hat, wie sollte er uns mit ihm nicht auch alles schenken?" Römer 8,32. Und doch, wie viele sagen durch ihre Taten, wenn nicht sogar durch ihre Worte: "Der Herr hat das nicht für mich vorgesehen. Vielleicht liebt er andere, aber mich liebt er nicht."

All das schadet deiner eigenen Seele; denn jedes Wort des Zweifels, das du aussprichst, lädt Satans Versuchungen ein; es verstärkt in dir die Neigung zum Zweifel, und es entzieht dir die dienenden Engel. Wenn Satan euch versucht, dann sprecht kein Wort des Zweifels oder der Finsternis aus. Wenn du dich dafür entscheidest, die Tür für seine Vorschläge zu öffnen, wird dein Geist mit Misstrauen und rebellischen Fragen erfüllt sein. Wenn du deine Gefühle aussprichst, wirkt jeder Zweifel, den du zum Ausdruck bringst, nicht nur auf dich selbst zurück, sondern ist eine Saat, die im Leben anderer keimen und Früchte tragen wird, und es ist vielleicht unmöglich, dem Einfluss deiner Worte entgegenzuwirken. Sie selbst können sich vielleicht von der Zeit der Versuchung und von der Schlinge des Satans erholen, aber andere, die durch Ihren Einfluss beeinflusst wurden, können sich vielleicht nicht von dem Unglauben befreien, den Sie angedeutet haben. Wie wichtig ist es, dass wir nur das sagen, was uns geistliche Kraft und Leben gibt!

Die Engel lauschen, um zu hören, was für einen Bericht ihr der Welt über euren himmlischen Meister zukommen lasst. Lasst euer Gespräch von dem sein, der lebt, um für euch beim Vater Fürsprache einzulegen. Wenn ihr die Hand eines Freundes nehmt, dann lasst das Lob Gottes auf euren Lippen und in eurem Herzen sein. Das wird seine Gedanken auf Jesus lenken.

Alle haben Prüfungen; Kummer, der schwer zu ertragen ist, Versuchungen, denen man nur schwer widerstehen kann. Erzählt eure Sorgen nicht euren Mitmenschen, sondern bringt alles im Gebet zu Gott. Machen Sie es sich zur Regel, niemals ein Wort des Zweifels oder der Entmutigung auszusprechen. Ihr könnt viel dazu beitragen, das Leben anderer zu erhellen und ihre Bemühungen zu stärken, indem ihr Worte der Hoffnung und des heiligen Mutes sprecht.

Es gibt viele tapfere Seelen, die von der Versuchung schwer bedrängt werden und in der Auseinandersetzung mit sich selbst und den Mächten des Bösen fast in Ohnmacht fallen. Entmutige einen solchen Menschen nicht in seinem harten Kampf. Ermutige ihn mit mutigen, hoffnungsvollen Worten, die ihn auf seinem Weg vorantreiben. So kann das Licht Christi von dir ausgehen. "Keiner von uns lebt für sich selbst." Römer 14:7. Durch unseren unbewussten Einfluss können andere ermutigt und gestärkt werden, oder sie können entmutigt und von Christus und der Wahrheit abgestoßen werden.

Es gibt viele, die eine falsche Vorstellung vom Leben und Charakter Christi haben. Sie denken, dass es ihm an Wärme und Sonnenschein fehlte, dass er streng, streng und freudlos war. In vielen Fällen ist die gesamte religiöse Erfahrung von diesen düsteren Ansichten geprägt.

Es wird oft gesagt, dass Jesus weinte, aber dass er nie dafür bekannt war, zu lächeln. Unser Erlöser war in der Tat ein Mann der Schmerzen und mit Kummer vertraut, denn Er öffnete Sein Herz für alle Nöte der Menschen. Doch obwohl Sein Leben selbstverleugnend und von Schmerz und Sorge überschattet war, wurde Sein Geist nicht niedergeschlagen. Sein Antlitz trug nicht den Ausdruck von Trauer und Jammer, sondern war stets von friedlicher Heiterkeit geprägt. Sein Herz war eine

Quelle des Lebens, und wohin er auch ging, trug er Ruhe und Frieden, Freude und Frohsinn.

Unser Erlöser war zutiefst ernst und sehr ernsthaft, aber niemals düster oder mürrisch. Das Leben derer, die ihn nachahmen, wird voller ernster Absichten sein; sie werden ein tiefes Gefühl der persönlichen Verantwortung haben. Die Leichtfertigkeit wird zurückgedrängt werden; es wird keine ausgelassene Fröhlichkeit geben, keine groben Scherze; aber die Religion Jesu spendet Frieden wie ein Fluss. Sie löscht das Licht der Freude nicht aus; sie zügelt nicht die Fröhlichkeit und trübt nicht das sonnige, lächelnde Gesicht. Christus kam nicht, um sich dienen zu lassen, sondern um zu dienen; und wenn seine Liebe im Herzen regiert, werden wir seinem Beispiel folgen.

Wenn wir die unfreundlichen und ungerechten Taten anderer im Kopf behalten, wird es uns unmöglich sein, sie so zu lieben, wie Christus uns geliebt hat; aber wenn unsere Gedanken bei der wunderbaren Liebe und dem Erbarmen Christi für uns verweilen, wird derselbe Geist auf andere übergehen. Wir sollten einander lieben und respektieren, ungeachtet der Fehler und Unvollkommenheiten, die wir unweigerlich sehen. Wir sollten Demut und Selbstvertrauen kultivieren und geduldig mit den Fehlern der anderen umgehen. Dies wird alle einschränkende Selbstsucht ausmerzen und uns großherzig und großzügig machen.

Der Psalmist sagt: "Vertraue auf den Herrn und tue Gutes; so wirst du wohnen im Lande und wirst satt werden." Psalm 37:3. "Vertraue auf den Herrn." Jeder Tag hat seine Lasten, seine Sorgen und Nöte, und wenn wir uns treffen, sind wir bereit, über unsere Schwierigkeiten und Prüfungen zu sprechen. Es drängen sich so viele geliehene Sorgen auf, so viele Befürchtungen werden geäußert, so viele Ängste kommen zum Ausdruck, dass man meinen könnte, wir hätten keinen mitleidigen, liebenden Erlöser, der bereit ist, alle unsere Bitten zu hören und uns in jeder Zeit der Not eine gegenwärtige Hilfe zu sein.

Manche sind ständig in Angst und leihen sich Ärger. Jeden Tag sind sie von den Zeichen der Liebe Gottes umgeben; jeden Tag genießen sie die Wohltaten seiner Vorsehung; aber sie übersehen diese gegenwärtigen Segnungen. Ihre Gedanken kreisen ständig um etwas Unangenehmes, das sie befürchten; oder es gibt tatsächlich eine Schwierigkeit, die, auch wenn sie klein ist, ihre Augen für die vielen Dinge verschließt, die Dankbarkeit verlangen. Die Schwierigkeiten, denen sie begegnen, treiben sie nicht zu Gott, der einzigen Quelle ihrer Hilfe, sondern trennen sie von ihm, weil sie Unruhe und Reue wecken.

Tun wir gut daran, so ungläubig zu sein? Warum sollten wir undankbar und misstrauisch sein? Jesus ist unser Freund; der ganze Himmel ist an unserem Wohlergehen interessiert. Wir sollten nicht zulassen, dass die Verwirrungen und Sorgen des täglichen Lebens unser Gemüt beunruhigen und unsere Stirn trüben. Wenn wir das tun, werden wir immer etwas haben, das uns ärgert und nervt. Wir sollten uns nicht einer Sorge hingeben, die uns nur quält und zermürbt, uns aber nicht hilft, Prüfungen zu ertragen.

Es kann sein, dass du in deinen Geschäften verwirrt bist, dass deine Aussichten immer düsterer werden und dass du von Verlusten bedroht bist; aber lass dich nicht entmutigen, sondern wirf deine Sorge auf Gott und bleibe ruhig und fröhlich. Bete um Weisheit, um deine Angelegenheiten mit Umsicht zu regeln und so Verlust und Unglück zu vermeiden.

Tun Sie Ihrerseits alles, was Sie können, um günstige Ergebnisse zu erzielen. Jesus hat seine Hilfe versprochen, aber nicht unabhängig von unseren Bemühungen. Wenn Sie im Vertrauen auf unseren Helfer alles getan haben, was Sie können, nehmen Sie das Ergebnis freudig an.

Es ist nicht der Wille Gottes, dass sein Volk mit Sorgen belastet wird. Aber unser Herr betrügt uns nicht. Er sagt nicht zu uns: "Fürchte dich nicht, es gibt keine Gefahren auf deinem Weg." Er weiß, dass es Prüfungen und Gefahren gibt, und er geht offen mit uns um. Er schlägt nicht vor, sein Volk aus einer Welt der Sünde und des Bösen herauszuführen, sondern er weist sie auf eine nie versagende Zuflucht hin. Sein Gebet für seine Jünger war: "Ich bitte nicht, dass Du sie aus der Welt nimmst, sondern dass Du sie vor dem Bösen bewahrst." "In der Welt", sagt er, "werdet ihr Trübsal haben; aber seid getrost, ich habe die Welt überwunden". Johannes 17:15; 16:33.

In der Bergpredigt lehrte Christus seine Jünger wertvolle Lektionen über die Notwendigkeit des Vertrauens auf Gott. Diese Lektionen sollten die Kinder Gottes durch alle Zeiten hindurch ermutigen, und sie sind voller Belehrung und Trost in unsere Zeit gekommen. Der Heiland wies seine Jünger auf die Vögel des Himmels hin, die ihre Loblieder trällern, unbelastet von Gedanken an die Sorge, denn "sie säen nicht und ernten nicht". Und doch sorgt der große Vater für ihre Bedürfnisse. Der Heiland fragt: "Seid ihr nicht viel besser als sie?" Matthäus 6:26. Der große Versorger von Mensch und Tier öffnet seine Hand und versorgt alle seine Geschöpfe. Die Vögel des Himmels sind ihm nicht gleichgültig. Er lässt die Nahrung nicht in ihre Schnäbel fallen, sondern sorgt für ihre Bedürfnisse. Sie müssen die Körner sammeln, die Er für sie ausgestreut hat. Sie müssen das Material für ihre kleinen

Nester vorbereiten. Sie müssen ihre Jungen füttern. Sie gehen singend ihrer Arbeit nach, denn "euer himmlischer Vater ernährt sie". Und "seid ihr nicht viel besser als sie?" Seid ihr als intelligente, geistliche Anbeter nicht mehr wert als die Vögel des Himmels? Wird nicht der Urheber unseres Seins, der Erhalter unseres Lebens, derjenige, der uns nach seinem eigenen göttlichen Bild geformt hat, für unsere Bedürfnisse sorgen, wenn wir nur auf ihn vertrauen?

Christus wies seine Jünger auf die Blumen des Feldes hin, die in reicher Fülle wuchsen und in der einfachen Schönheit leuchteten, die der himmlische Vater ihnen als Ausdruck seiner Liebe zu den Menschen gegeben hatte. Er sagte: "Seht die Lilien auf dem Felde, wie sie wachsen". Die Schönheit und Einfachheit dieser natürlichen Blumen übertrifft bei weitem die Pracht Salomos. Das prächtigste Kleid, das die Kunst hervorgebracht hat, kann nicht mit der natürlichen Anmut und der strahlenden Schönheit der Blumen aus Gottes Schöpfung mithalten. Jesus fragt: "Wenn Gott das Gras auf dem Felde so kleidet, das heute steht und morgen in den Ofen geworfen wird, wird er euch, die ihr kleingläubig seid, nicht viel mehr kleiden?" Matthäus 6:28, 30. Wenn Gott, der göttliche Künstler, den einfachen Blumen, die an einem Tag vergehen, ihre zarten und vielfältigen Farben schenkt, wie viel mehr wird er sich dann um die kümmern, die nach seinem Bild geschaffen sind? Diese Lektion Christi ist eine Zurechtweisung für die ängstlichen Gedanken, die Verwirrung und den Zweifel des ungläubigen Herzens.

Der Herr möchte, dass alle seine Söhne und Töchter glücklich, friedlich und gehorsam sind. Jesus sagt: "Meinen Frieden gebe ich euch, nicht wie die Welt ihn gibt, gebe ich ihn euch. Euer Herz erschrecke nicht und fürchte sich nicht." "Dies habe ich zu euch geredet, damit meine Freude in euch bleibe und eure Freude voll werde." Johannes 14:27; 15:11.

Das Glück, das aus selbstsüchtigen Motiven außerhalb des Pfades der Pflicht gesucht wird, ist unausgewogen, unbeständig und vergänglich; es vergeht, und die Seele wird mit Einsamkeit und Kummer erfüllt; aber es gibt Freude und Befriedigung im Dienst Gottes; der Christ wird nicht auf unsicheren Pfaden wandeln; er wird nicht eitlem Bedauern und Enttäuschungen überlassen. Wenn wir die Freuden dieses Lebens nicht haben, können wir dennoch mit Freude auf das jenseitige Leben schauen.

Aber auch hier können die Christen die Freude der Gemeinschaft mit Christus haben; sie können das Licht seiner Liebe, den immerwährenden Trost seiner Gegenwart haben. Jeder Schritt im Leben kann uns näher an Jesus heranführen, kann uns eine tiefere Erfahrung seiner Liebe schenken und uns der gesegneten Heimat des Friedens einen Schritt näher bringen. Dann sollten wir unsere Zuversicht nicht wegwerfen, sondern festes Vertrauen haben, fester als je zuvor. "Bis jetzt hat uns der Herr geholfen, und er wird uns bis zum Ende helfen. 1 Samuel 7:12. Lasst uns auf die monumentalen Säulen schauen, die uns daran erinnern, was der Herr getan hat, um uns zu trösten und uns vor der Hand des Verderbers zu bewahren. Lasst uns all die zärtliche Barmherzigkeit, die Gott uns erwiesen hat, in frischer Erinnerung behalten - die Tränen, die er abgewischt hat, die Schmerzen, die er gelindert hat, die Ängste, die er zerstreut hat, die Bedürfnisse, die er gestillt hat, die Segnungen, die er uns geschenkt hat - und uns so für alles stärken, was auf dem Rest unserer Pilgerreise vor uns liegt.

Wir können nicht umhin, uns auf neue Schwierigkeiten im kommenden Konflikt zu freuen, aber wir können sowohl auf das Vergangene als auch auf das Kommende schauen und sagen: "Bis jetzt hat uns der Herr geholfen." "Wie deine Tage, so wird deine Kraft sein." Deuteronomium 33:25. Die Prüfung wird nicht größer sein als die Kraft, die uns gegeben wird, sie zu ertragen. Nehmen wir also unsere Arbeit dort auf, wo wir sie vorfinden, und glauben wir, dass, was auch immer kommen mag, eine der Prüfung angemessene Kraft gegeben wird.

Und nach und nach werden die Tore des Himmels aufgestoßen werden, um Gottes Kinder einzulassen, und von den Lippen des Königs der Herrlichkeit wird der Segensspruch in ihre Ohren fallen wie die schönste Musik: "Kommt her, ihr Gesegneten meines Vaters, ererbt das Reich, das euch bereitet ist von Grundlegung der Welt an". Matthäus 25:34.

Dann werden die Erlösten in das Haus aufgenommen, das Jesus für sie vorbereitet. Dort werden ihre Gefährten nicht die Lasterhaften der Erde, die Lügner, Götzendiener, Unreinen und Ungläubigen sein, sondern sie werden mit denen verkehren, die Satan überwunden und durch göttliche Gnade einen vollkommenen Charakter gebildet haben. Jede sündige Veranlagung, jede Unvollkommenheit, die sie hier befällt, ist durch das Blut Christi beseitigt worden, und die Vortrefflichkeit und der Glanz seiner Herrlichkeit, der den Glanz der Sonne bei weitem übertrifft, ist ihnen zuteil geworden. Und die moralische Schönheit, die Vollkommenheit seines Charakters, leuchtet durch sie hindurch, in einem Wert, der diesen äußeren Glanz bei weitem übersteigt. Sie stehen untadelig vor dem großen weißen Thron und haben Anteil an der Würde und den Vorrechten der Engel.

Angesichts des herrlichen Erbes, das ihm zuteil werden kann, "was soll der Mensch für seine Seele geben?" Matthäus 16,26. Er mag arm sein, aber er besitzt in sich selbst einen

Reichtum und eine Würde, die die Welt ihm niemals geben könnte. Die erlöste und von der Sünde gereinigte Seele mit all ihren edlen Kräften, die dem Dienst Gottes gewidmet sind, ist von unübertrefflichem Wert; und im Himmel herrscht in der Gegenwart Gottes und der heiligen Engel Freude über eine erlöste Seele, eine Freude, die in Liedern des heiligen Triumphs zum Ausdruck kommt.

Bücher erhältlich bei Amazon:

1. Alle Bücher der Serie: The Great Conflict im Großformat (A4).
2. Daniel und Offenbarung Uriah Meier im Größformat (8,5 * 11).
3. Geschichte der Erlösung im Großformat (A4).
4. Die geheimen Terroristen, Bill Hughes.
5. Christologie in den Schriften von Ellen G. White, Ralph Larson.
6. 1888 Neu untersucht, Robert Wieland.
7. Einführung in die Botschaft von 1888, Robert Wieland.
8. The Profile of the Coming Crisis (Zusammenstellung der letzten Ereignisse) D. E. Mansell.
9. Vorbereitung auf die letzte Krise Fernando Chaij
10. Der geweihte Weg zur christlichen Vollkommenheit, A. T. Jones.
11. Lektionen über den Glauben, Jones & Waggoner.
12. Die Botschaft des dritten Engels, Jones.

13. Das Evangelium im Galaterbrief, Waggoner.

14. Berührt von unseren Gefühlen, Jean Zurcher.

15. Das Wort ist Fleisch geworden, Ralph Larson.

VIELE WEITERE AUF !!!!!!

DENKEN SIE DARAN, DASS WIR EINEN KATALOG VON BÜCHERN HABEN

DIE SIE ANFORDERN KÖNNEN, WENN SIE MIT UNS KONTAKT AUFNEHMEN

UNTER DER E-MAIL ADRESSE

*Wenn Sie Rabatte erhalten möchten, kann dies nur bei einer Mindestbestellmenge von 25 Büchern oder mehr geschehen, unabhängig davon, ob es sich um Einzelexemplare verschiedener Bücher oder um einen Großhandel handelt. Bitte kontaktieren Sie uns unter unserer E-Mail Adresse:

lsdistribution07@gmail.com

www.ingramcontent.com/pod-product-compliance
Lightning Source LLC
LaVergne TN
LVHW051952060526
838201LV00059B/3609